作者获得国象交流赛冠军

国象交流赛冠军奖杯

徐家亮老师指导比赛

作者参加老年国际象棋协会组织的活动

作者与飞驰俱乐部棋手合影

作者指导的飞驰俱乐部棋手获奖

作者带领东城区国象队参加北京市第九届民族传统体育运动会

作者参加国象排局团队的活动

国象易趣排局

祖凤玉 ◎ 著

中华工商联合出版社

图书在版编目（CIP）数据

国象易趣排局 / 祖凤玉著. -- 北京：中华工商联合出版社，2023.8
ISBN 978-7-5158-3731-4

Ⅰ. ①国… Ⅱ. ①祖… Ⅲ. ①国际象棋－基本知识 Ⅳ. ①G891.1

中国版本图书馆CIP数据核字（2023）第141836号

国象易趣排局

著　　者：祖凤玉
出 品 人：刘　刚
责任编辑：吴建新
装帧设计：尚彩·张合涛
责任审读：付德华
责任印制：迈致红
出版发行：中华工商联合出版社有限责任公司
印　　刷：北京毅峰迅捷印刷有限公司
版　　次：2023年9月第1版
印　　次：2023年9月第1次印刷
开　　本：850mm×1168 mm　1/32
字　　数：194千字
印　　张：8.75
书　　号：ISBN 978-7-5158-3731-4
定　　价：58.00元

服务热线：010-58301130-0（前台）
销售热线：010-58301132（发行部）
　　　　　010-58302977（网络部）
　　　　　010-58302837（馆配部、新媒体部）
　　　　　010-58302813（团购部）
地址邮编：北京市西城区西环广场A座
　　　　　19-20层，100044
http://www.chgslcbs.cn
投稿热线：010-58302907（总编室）
投稿邮箱：1621239583@qq.com

工商联版图书
版权所有　盗版必究

凡本社图书出现印装质量问题，请与印务部联系。
联系电话：010-58302915

前　言

学国象，解排局，讲故事。

学《易经》，创排局，讲易趣故事。

一、国际象棋和排局

国际象棋在国内爱好者非常广泛，普及速度也很快，受到很多人的欢迎。棋友们在交流中博弈，在娱乐中享受。在参与世界重大比赛中，中华优秀儿女不断步入世界强手之林，冲击世界冠军。国际象棋以其丰富的内涵和多彩的对弈环节，越来越受到我国各族人民的尊重和喜爱。

国象排局体现出国际象棋技术、知识、趣味三大特性，不仅有老式的传统排局，还有新型的模仿排局和《易经》文字排局。

一是模仿排局。模仿排局是一种新型的借用方式排局，它用棋子表现棋子，用棋子模仿字母，用棋子模仿各种生动活泼的动物、器物，这些排局既直观又有趣，是国象凝聚力的自然体现。

二是《易经》文字排局。以《易经》象形符号排局展现中国古老的易经文化理念，它将汉字、字母、数字排局融为一体，让大家回顾历史脉络，学习古老智慧，发扬传统文化。其以赏心悦目的排局带来愉悦的心情，将传统文化和国象紧密地结合在一起，达到既好看又好学的目的，起到普及国象和传承易经文化的作用，使我们在共同进步中学好国象，学好易经，共同走向未来。

二、引用传统排局

为方便大家理解《易经》文化理念，展示国象排局艺术和技术，笔者引用了一些有代表性的国内外优秀排局，并都标注了"*"。

第一，"国象八卦阵"选用了《马头战术组合技巧（1994年版）》的排局。

第二，"普天同庆"排局选自王陛钧编著的《现代排局赏析》，"国泰民安"排局选自《马头战术组合技巧》。

第三，"三阳开泰""否极泰来"和"名副其实"排局选自徐家亮翻译的《国际象棋战术手册（下册）》。

在此向徐家亮老师和选用排局创作者们深表敬意和感谢！让我们为排局不断进步和发展而继续努力。

三、排局创作的规则

第一，原始局势据行棋规则可以形成。不允许出现黑象在h8、黑兵在g7等不合理构图。

第二，在解答过程中，着数长短不限，全部子力应直接或间接发生作用。

第三，答案必须是唯一的，不能无解及存在复解。

第四，辅助规则与说明。一是白方先、黑方先连将杀王。二是国象子力聚齐排局（32子）是个另例，只能恢复原始位置局面，不能避开叠兵和32子同在的矛盾。因排局的需要，只作为一种尝试，以思考、观赏、趣味为一体，达到抛砖引玉的作用。

四、笔者想说的几句话

第一，国象易趣排局面向所有爱好者。老少咸宜，雅俗共赏。饭后茶余，点滴品尝。系统充实，趣味课堂。棋手基础，乐于杀将。

第二，国象易趣排局分为上中下三册，太极、八卦为上册，天圆、地方为中、下册。

第三，感谢支持和帮助我的人。由于笔者知识有限，水平不高，创作能力不足，难免存在错误和疏漏，欢迎各界批评指正，我诚心接受，深表感谢！

目录 Contents

第一章　国象太极

1. 阴阳 / 003

2. 阴阳同生同在 / 003

3. 阴阳的存在方式 / 004

4. 老子、孔子论道说阴阳 / 005

5. 国象太极图 / 005

6. 国象兵种图 / 014

7. 棋钟 / 028

第二章　国象四象

1. 符号四象 / 033

2. 两仪四象 / 036

3. 天地日月、上下左右 / 040

第三章　国象五行

1. 五行图 / 053
2. 五行生克、方位图 / 059

第四章　伏羲八卦

1. 八卦的组成 / 065
2. 伏羲八卦 / 065
3. 伏羲八卦口诀 / 065
4. 阴阳两爻 / 066
5. 伏羲八卦国象图 / 067

第五章　文王八卦

1. 伏羲卦为体，文王卦为用 / 079
2. 文王八卦四句歌 / 079
3. 周文王囚羑里演八卦 / 079
4. 文王八卦国象图 / 081

第六章　九州八阵图

1. 华夏九州图 / 093
2. 国象九州图 / 093
3. 诸葛八阵图 / 100
4. 国象八卦阵 / 101
5. 十面埋伏 / 120

第七章　新年好

1. 阳历年 / 133

2. 阴历年 / 149

3. 消息图 / 152

4. 三阳开泰 / 156

5. 否极泰来 / 161

第八章　节气时辰图

1. 二十四节气歌 / 171

2. 节气图 / 171

3. 时辰图 / 174

第九章　中国结

1. 梅花结 / 181

2. 交丝结 / 184

3. 平安结 / 187

4. 团锦结 / 191

第十章　龙马精神

1. 龙、马、神龟 / 199

2. 王、后、兵、马 / 203

3. 画龙点睛 / 208

4. 田、由、甲、申 / 214

5. 六六吉祥、九九安康 / 218

6. 筷子、鸳鸯、军犬 / 225

7. 国象航展 / 234

8. 国象车展 / 241

9. 百年华诞 / 248

10. 名副其实 / 257

第一章

国象太极

1. 阴阳

表示阴阳有三种方式，分别是符号方式（用"—"和"‑‑"）、图形方式和字形方式。

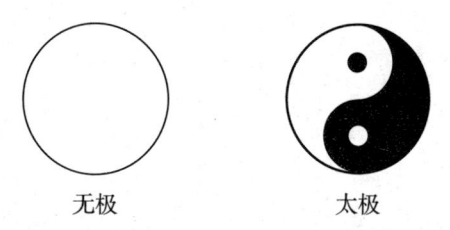

无极　　　　　　太极

图 1-1　无极与太极

> 无极生太极，
> 太极生两仪。
> 两仪为阴阳，
> 融物融万象。

2. 阴阳同生同在

我国古代哲学思想认为，存在于宇宙中的一切事物都有两大对立面，即阴阳同生同在，互克互存，相辅相成。无阴不生，无阳不长。

什么为阳？什么为阴？

其实，可以简单的这么理解：太阳和"光明""暖和"都可以称为阳。月亮和"暗淡""冷凉"都可以称为阴。有阳光的地方称为阳，没有阳光的地方称为阴。

在现实生活中，太阳一出照东墙，西墙根下有阴凉。东墙阳，西墙阴。

什么位置为阳？什么位置为阴？

山的南面、水的北面为阳光位置。比如，衡阳在衡山之南，洛阳在洛河之北。

山的北面、水的南面为阴凉位置。比如，华阴在华山之北，江阴在长江之南。

另外，人物、动物、事物有两大对立面，强势为阳，弱势为阴。

3.阴阳的存在方式

一是对等（对称）。配合密切，协调有序，均衡有度。

比如身体结构（眼、耳、鼻、舌、身），我们有双手双脚，可以拿东西，可以行走跳跃，也可以手脚并用，进行吹、拉、弹、唱。另外，还体现在文化方面，比如对联、对偶句等。

二是对立（对争）。比如对于同一种事物，存在两种相互矛盾的两种观点，它们相互排斥，互相抵触，相互争论，在对立中统一，对立中生存。

三是对抗（对战）。比如敌对关系，涉及生死存亡，像我们常说的，一国不容二主，一山不留二虎。在体育比赛、智力比赛中，也要争胜负，论输赢，比高低，见分晓。

4. 老子、孔子论道说阴阳

老子在《道德经》中说：有物混成，先天地生。寂兮寥兮，独立而不改，周行而不殆，可以为天地母。吾不知其名，强字之曰"道"……意思是说：有物浑然一体，行于天地之外而存在。无声音，无形象，独一无二，不停地循环运行，可以为天下万物之母。我不知叫它何名，就称它为道。

古人认为，阴阳是宇宙万物万象共同的"基因"，孔子提出，"其大无外，其小无内"，称其名为太极，名正言顺。太字由两部分组成，"大"和"、"，"大"表示大和外，"、"表示小和内。因大小都没有极限，所以称为阴阳太极。

5. 国象太极图

太极图又叫阴阳图（阴阳鱼），是后人根据伏羲八卦图创造出来的。阴阳是太极变化而形成的一个变化的整体，阴中有阳，阳中有阴。既可以一分为二，又可以合二而一，亦一亦二，亦阴亦阳。阴极阳生，阳极阴生，新陈代谢，物极必返。动静中求均衡，变化中得统一，这个均衡就是"一阴一阳之谓道"。

阳盛阴弱，阴盛阳衰，就是对弈中的胜负，均衡就是对弈中的和棋。对弈过程中的胜、负、和就是国象太极变化的结果。

阴阳为道，

感而遂通，

虚极静笃，

众妙之门。

阴中有阳，

阳中有阴，

虚里有实，

实里有虚。

001 图象太极旋转变化图 4-1

白先：

1. Nc8+　　　　　Ke8

2. g8=Q+　　　　Rf8

3. Nxc7+　　　　Rxc7

4. Qxe6+　　　　Kd8

5. Qxd6+　　　　Ke8

6. Qe6+   Kd8

7. Rd5+   Rd7

8. Qxd7 #

黑先：

1. ⋯   Nf1+

2. Bxf1   Qxf2+

3. Be2   Bxe3+

4. Qxe3   Qxe3+

5. Kd1   b1Q #

002 图象太极旋转变化图 4-2

白先：

1. Bxd5+   Qxd5

2. Qxd5+   Kxd5

3. Nxe7+   Kd4

4. Re4+   Kxe4

5. Re3+   Kd4

6. Re4+   Kxe4

7. f3+　　　　　　Kd4

8. e3 #

黑先：

1. …　　　　　　b1=Q+

2. Kxb1　　　　　g1Q+

3. Kc2　　　　　　Na1+

4. Kb2　　　　　　c3+

5. Bxc3　　　　　bxc3+

6. Kxc3　　　　　Qc1+

7. Qc2　　　　　　Rb3 #

003 图象太极旋转变化图 4-3

白先：

1. Rfxd5+　　　　Bxd5

2. f5+　　　　　　Re5

3. Rxd5+　　　　　Kc6

4. Rxe5+　　　　　d5

5. Bxd5+	Kd7
6. Rxe7+	Kxe7
7. Qe4+	Ne5
8. Qxe5+	Kd7
9. Be6+	Ke7
10. Bxf7+	Kd8
11. b8=Q+	Kd7
12. Qe6 #	

黑先：

1. ⋯	Na1+
2. Kc1	g1=Q+
3. Nf1	Qxf1+
4. Rd1	Nb3+
5. Kc2	Nxe3+
6. Qxe3	Qbxe2+
7. Qxe2	Qxe2+
8. [1] Kb1	Qxd1+
9. Ka2	Qa1+
10. Kxb3	Ba4 #

[1]

8. Rd2	Qc4+
9. Kd1	Qf1+
10. Kc2	Na1 #

004 图象太极旋转变化图 4-4

白先：

1. cxd6+   Qxd6
2. Bxd6+   Kxd6
3. Qb4+   ★[1]Kc6
4. b8=N+   Kb7
5. bxc7+   Nb6
6. c8=Q+   Kxc8
7. g8=Q+   Kb7
8. Qe7+   Nd7
9. Qxd7+   Ka8
10. Na6 #

★[1]

3. ⋯   Nc5
4. Qxc5+   Rxc5
5. b8=Q+   Kd7
6. Qa7+   Kd6
7. dxc5+   Kxc5

8. b4+	Kxb4
9. Qa3 #	

黑先：

1. ⋯	fxe3+
2. Kd1	Nxf2+
3. Ke1	b1=Q+
4. Rc1	Nxd3+
5. Kd1	g1=Q+
6. Nxg1	e2+
7. Nxe2	Nb2+
8. Ke1	Qxe2+
9. Kxe2	Qe4+
10. Kf1	Qh1+
11. Ke2	Bh5+
12. Rf3	Bxf3 #

005 太

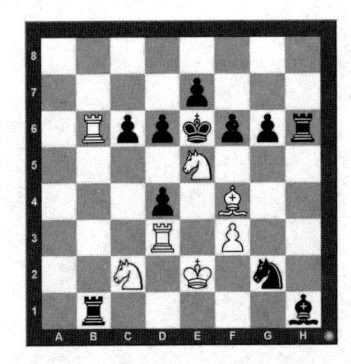

白先：

1. Nxd4+	Kd5

2. Nf5+	Kc5
3. Be3+	Nxe3
4. Nd7+	Kc4
5. Nxe3 #	

黑先：

1. …	Nxf4+
2. Kf2	Rh2+
3. Kg3	Rg2+
4. Kxf4	dxe5+
5. Ke4	f5 #

006 大

白先：

1. Qb5+	Kb7
2. Bc5+	Kc8
3. Qc6+	Kb8
4. Bxd6+	Rc7
5. Bxc7+	Kc8
6. Ba6#	

黑先：

1. ⋯	Bh5+
2. ★¹Kxg2	Ne3+
3. Kh3	Bg4+
4. Nxg4	Qh8+
5. Bh7	Rxh7+
6. Qxh7	Qxh7+
7. Nh6	Qxh6#

★1

2. Ng4	Nh4+
3. Ke2	Bxg4+
4. Kf1	Be3+
5. Bf5	Qxf5+
6. Nf2	Qxf2#

007 小

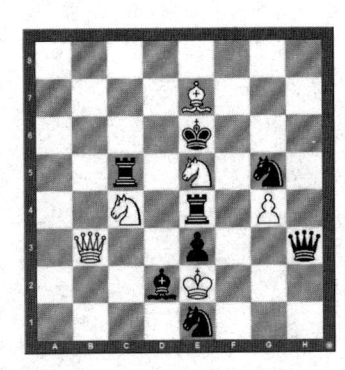

白先：

1. Qb6+	Kxe7
2. Qd6+	Ke8

3. Qd7+   Kf8
4. Qd8+   Kg7
5. Qxg5+   Kh8
6. Qf6+   Kh7
7. Qf7+   Kh8
8. Ng6#

黑先：

1. …   Qg2+
2. Kd1   e2+
3. Kxd2   Nef3+
4. Kc1   e1=Q+
5. Qd1   Qxd1+
6. Kxd1   Re1#

6. 国象兵种图

> 棋盘为阴子为阳，
> 王公母后气势强。
> 黑白双象黑白格，
> 车马雄雌对对双。
>
> 纬线似阴经似阳，
> 变化平行发展长。
> 星罗棋布生战术，
> 蜻蜓点水化杀将。

（1）兵种图

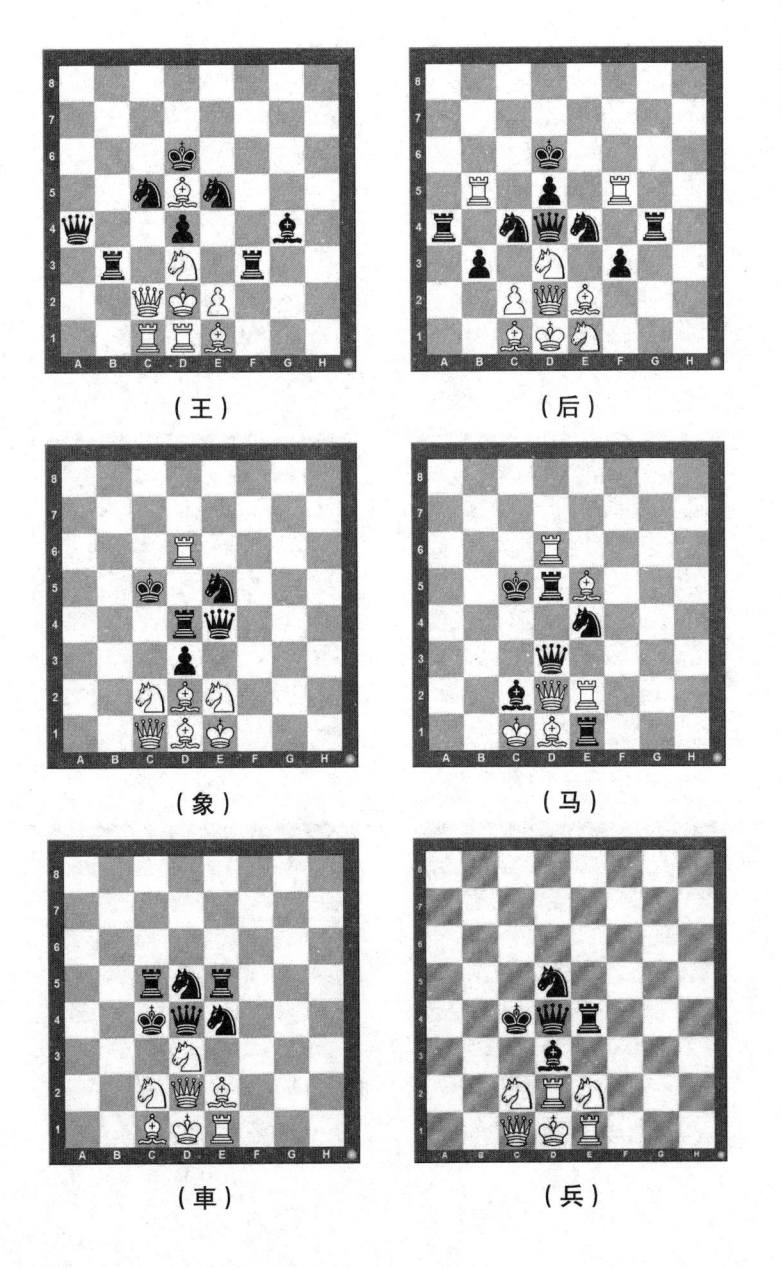

（王）

（后）

（象）

（马）

（车）

（兵）

(2)字母图

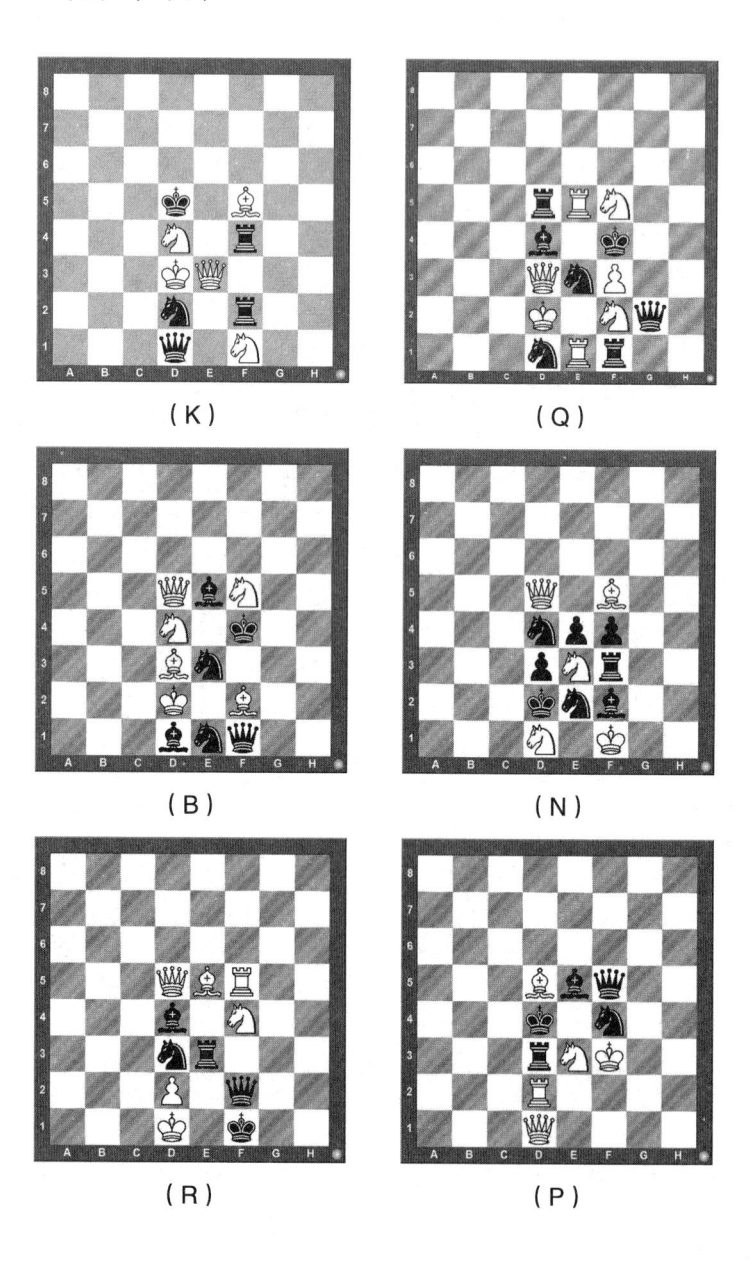

(K)

(Q)

(B)

(N)

(R)

(P)

008 王

白先：

1. Qxc5+	Kd7
2. Qc7+	Ke8
3. Qxe5+	★[1]Kf8
4. Qh8+	Ke7
5. Bh4+	Kd6
6. Qe5+	Kd7
7. Rc7 #	

★1

3. ⋯	Kd8
4. Bh4+	Rf6
5. Bxf6+	Kd7
6. Rc7 #	

黑先：

1. ⋯	Qa5+
2. Qc3	dxc3+
3. Kc2	Qa2+
4. Nb2	Rxb2 #

009 K

白先：

1. Qe6+   Kc5
2. Qc6+   Kb4
3. Qc3+   Ka4
4. Bd7 #

黑先：

1. ⋯   Nb1+
2. Qd2   Rxd4+
3. Ke3   Rf3#

010 后

白先：

1. Qh6+　　　　Nf6
2. Rxf6+　　　 Qxf6
3. Qxf6+　　　 Kc7
4. Rc5+

1）

4. ···　　　　　Kb8
5. Qd8+　　　 Ka7
6. Qd7+　　　 Ka6
7. Qb5+　　　 Ka7
8. Rc7+　　　 Ka8
9. Qb7 #

2）

4. ···　　　　　Kd7
5. Qf5+　　　　Kd6
6. Qxd5+　　　Ke7
7. Rc7+　　　　Ke8
8. Qd7+　　　　Kf8
9. Rc8 #

黑先：

1. ···　　　　　Nf2+
2. Nxf2　　　　Ne3 #

011 Q

白先：

1. Qe4+	Kg5
2. Qh4+	Kg6
3. Qh6+	Kf7
4. Qe6+	Kf8
5. Qe8#	

黑先：

1. …	Qxf2+
2. *[1] Re2	Bc3+
3. Kc1	Nb2+
4. Re1	Nxd3+
5. Kb1	Rxe1 #

*[1]

2. Qe2	Qxe2+
3. Rxe2	Bc3+
4. Kc1	Nf2+
5. Re1	Rxe1 #

012 象

白先：

1. Qa3+	*¹Rb4
2. Bxb4+	Kc4
3. Qa2+	Kb5
4. Qa6#	

★1

1. ⋯	Kb5
2. Qa5+	Kc4
3. Na3 #	

黑先：

1. ⋯	Qh1+
2. Kf2	Ng4+
3. Kg3	Qh2+
4. Kf3	Qf2 #

013 B

白先：

1. Bxe3+	Kg4
2. Qg8+	Kh3
3. Bxf1+	Kh2
4. Qg1 #	

黑先：

1. …	Qxd3+
2. Kc1	Qa3+
3. ★[1] Kd2	Qb4+
4. Kc1	Nd3 #

★[1]

3. Kb1	Bc2+
4. Nxc2	Qb2 #

014 马

白先：

1. Qa5+	Kc4
2. Rc6+	★¹Rc5
3. Rxe4	Rxe4
4. Qxc5+	Kb3
5. Rb6+	Ka2
6. Rb2+	Ka1
7. Rb3+	Rxe5
8. Qa3 #	

★1

2. …	Kb3
3. Rb6+	Rb5
4. Rxb5+	Qxb5
5. Qxb5+	Ka3
6. Bb2	Ka2
7. Qc4+	Bb3
8. Qxb3 #	

黑先：

1. …	Rxd1+

2. Qxd1 Qxd1+
3. Kb2 Qb1+
4. Ka3 Qb3#

015 N

白先：

1. Qa5+ Kc1
2. Qa3+ Kd2
3. Qb4+ Kc1
4. Qb2 #

黑先：

1. ⋯ Bxe3+
2. Kg2 Rg3+
3. Kh1 Rg1+
4. Kh2 Nf3+
5. Kh3 Rg3#

016 車

白先：

1. Nxe5++ Kb3
2. Nxd4+ Ka4
3. Qa2+ Kb4
4. Qa3 #

黑先：

1. ··· Ndc3+
2. Qxc3 Nxc3+
3. Kd2 Rxe2+
4. Rxe2 Qxd3+
5. Ke1 Qxe2 #

017 R

白先：

1. Qh1+	Qg1
2. Nxd3+	Rf3
3. Rxf3+	Bf2
4. Rxf2 #	

黑先：

1. …	Qe1+
2. Kc2	Nb4 #

018 兵

白先：

1. Ncxd4+	Bc2
2. Rxc2+	Nc3+
3. Rxc3+	Kd5
4. Qg5+	★1 Kd6
5. Qd8+	Ke5
6. Rc5 #	

★1

4. …	Re5

5. Qg8+　　　　　Ke4

6. Qg2 #

黑先：

1. ⋯　　　　　　Bxe2+

2. Rexe2　　　　Nc3+

3. Ke1　　　　　Qg1 #

019 P

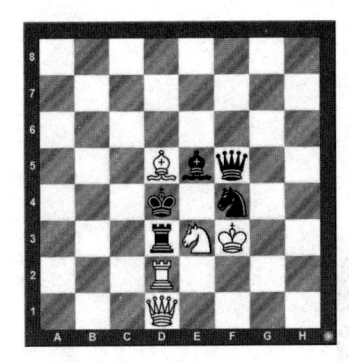

白先：

1. Qa4+　　　　 Kc5

2. Qc6+　　　　 Kb4

3. Qb6+　　　　 Ka4

4. Ra2+　　　　 Ra3

5. Bb3 #

黑先：

1. ⋯　　　　　　Nxd5+

2. ★ [1]Kg2　　　Nxe3+

3. Kg1　　　　　Qg5+

4. Kh1　　　　　Qh4+

5. Kg1　　　　　Qg3+
6. Kh1　　　　　Qh2+
7. Rxh2　　　　Rxd1 #

★1
2. Ke2　　　　　Nc3+
3. Ke1　　　　　Bg3+
4. Rf2　　　　　Qxf2 #

7. 棋钟

020 对弈

> 哥俩连体起征程，
> 你行走时我便停。
> 旗倒蜂鸣结果定，
> 胜负评说子回宫。

白先：

1. Bxe4+　　　　Kg4

2. Bxb1+　　　　Kf3

3. Be4+　　　　 Kg4

4. Bc2+　　　　 Kf3

5. Bd1+　　　　 Ne2

6. Bxe2 #

黑先：

1. …　　　　　　Na2+

2. Kd2　　　　　Rxd4+

3. Bd3　　　　　Rb2+

4. Kd1　　　　　Rxd3+

5. Qxd3+　　　　Kg2+

6. Qe2　　　　　Bxe2 #

021 比赛

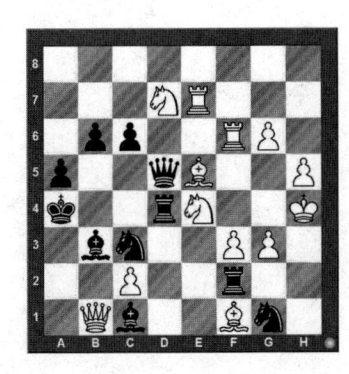

> 连体哥俩虎狼争,
> 从此你我不同行。
> 旗倒蜂鸣弈结束,
> 输赢判决子无情。

白先:

1. Nxb6+   Ka3
2. Bd6+   c5
3. Bxc5+   Rb4
4. Bxb4+   axb4
5. Ra7+   Ba4
6. Qa1+   Qa2
7. Nc4 #

黑先:

1. …   Rh2+
2. Bh3   Rxh3+
3. Kg4   Rxe4+
4. Rf4   Rxf4+
5. Kg5   Nxf3+
6. Kh6   Rf5+
7. Qxc1   Rhxh5+
8. Kg7   Qg8 #

第二章

国象四象

在古代哲学中，太极是宇宙的起源，两仪是阴阳的变化，两仪生四象是自然的规律，是连续变化的结果。当太阳刚出来的时候，你会觉得热吗？不会的，太阳的热量还没有强烈地照射到地面上。空气是温的，空间是暖的，大地还是凉的。用符号表示早上，叫少阳。到了中午，上面、下面都热了，就叫老阳。傍晚，太阳快下山了，夕阳无限好，只是近黄昏。夕阳投射到我们这个区域中的热量变少了，上面慢慢凉了，下面还是热的，叫少阴。到了晚上12点以后，上面下面都凉了，凉气重，寒气厚，这时叫老阴。这就是一天的四象。一年也可以按照四象来划分，春天是少阳，夏天是老阳，秋天是少阴，冬天是老阴。

1. 符号四象

022 少阳

白先：

1. Nf4+   Bxf4
2. Qh3+   Kg6
3. Qxf5+   Kh6
4. Qg6 #

黑先：

1. ⋯   Qa3+
2. Kc2   Qa2+
3. Kd1   Rxd3+
4. Ke1   Qb1+
5. Ke2   Qd1+
6. Kf2   Rd2 #

023 老阳

白先：

1. Qc4+   Kc6
2. Qxb5+   Kd5
3. Bc4+   Ke4
4. Qc6 #

黑先：

1. ⋯   Bg4+
2. Rxg4   Qxf3
3. Bg3   Qxg4+
4. Kh2   Qxg3+
5. Kh1   Rh5#

024 少阴

白先：

1. Re5+	Rxe5
2. Qxe5+	Kc6
3. Bxb5+	Kb7
4. Qd5+	Kc7
5. Qxc5+	Kb7
6. Bc4+	Ka8
7. Bd5 #	

黑先：

1. …	Rxf3+
2. Rxf3	Qxh3+
3. Kf4	Ne6 #

025 老阴

白先：

1. Rxd5+	Kb6
2. Qxb5+	Ka7
3. Qa4+	Kb8

4. Qb4+	Kc7
5. Qc4+	Kb6
6. Rb5+	Ka7
7. Qa4 #	

黑先：

1. …	Rxd3+
2. Kg2	Bxh3+
3. Kh1	Nxg3+
4. Kh2	Nf1+
5. Kh1	Qg2 #

2. 两仪四象

两仪生四象，
天地日月长。
王后来睿智，
车马去安邦。
两仪生四象，
上下左右忙。
曲直迎缠绕，
往复送杀将。

026 两

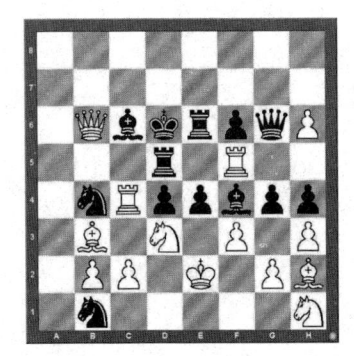

白先：

1. Qd8+	Bd7
2. Bxf4+	*¹Ree5
3. Rxf6+	Qxf6
4. Qxf6+	Be6
5. Bxe5+	Rxe5
6. Qf8+	Kd5
7. Nxb4#	

*¹

2. ⋯	Rde5
3. Rxd4+	Nd5
4. Rxd5+	Kc6
5. Nb4+	Kb7
6. Rxd7#	

黑先：

1. ⋯	exd3+
2. *¹Kd1	Re1+

3. Kxe1　　　　　Qe8+
4. Re5　　　　　Qxe5+
5. Kf2　　　　　Qe2+
6. Kg1　　　　　Qe1#

★1
2. Kf1　　　　　Nd2+
3. Kf2　　　　　Re2+
4. Kg1　　　　　Re1+
5. Kf2　　　　　Rf1#

027 仪

白先:

1. Qxb6+　　　　★¹Kc8
2. Rc4+　　　　Bc6
3. Rxc6+　　　　Kd7
4. Qb7+　　　　Ke8
5. Rc8+　　　　Qd8
6. Qf7#

★1
1. …　　　　　Kd7

2. Qa7+	Bb7
3. Rxb7+	Ke8
4. Qa8+	Qd8
5. Ba4+	Kf8
6. Qxd8#	

黑先：

1. ⋯	gxf4+
2. ★[1]Kd3	Qf5+
3. e4	fxe3+
4. Ke2	Qf3+
5. Kd3	e2+
6. Kc2	exd1=Q#

★1

2. Kf2	fxg3+
3. Kxg3	e4+
4. Rxd6	Rg6+
5. Qg5	Rxg5#

028 两仪四象

白先：

1. Nd5++   Ka7
2. Qb6+   Ka8
3. Qa5+   Na6
4. Nb6+   Ka7
5. Nxc8+   Ka8
6. Qxa6+   bxa6
7. Bxc6 #

黑先：

1. ⋯   Bxg3+
2. Kxh1   Rxh3+
3. Nxh3   c1=Q+
4. Ng1   Qh3+
5. gxh3   Bxe4 #

3. 天地日月、上下左右

天地日月表示时间，上下左右表示空间，太极、两仪四象表示事物（棋局）发展变化的特殊规律。

029 天

白先：

1. Nf6+　　　　　Kc8

2. Nd6+　　　　　Kb8

3. Qf8+　　　　　Ka7

4. Rxc7+　　　　Kb6

5. Qb8+　　　　　Ka5

6. Qa7+　　　　　Kb4

7. Qc5+　　　　　Ka4

8. Ra7+　　　　　Kb3

9. Ra3+　　　　　Kb2

10. Qc3 #

黑先：

1. ⋯　　　　　　Ne2++

2. Kh2　　　　　Rxh1+

3. Kxh1　　　　　Rd1+

4. Kh2　　　　　Ng4+

5. Kh3　　　　　Rh1+

6. Kg2　　　　　Rg1+

7. Kh3　　　　　Nf4 #

030 地

白先：

1. Nd6+   ★¹Rxd6
2. Qc2+   Rd3+
3. Qxd3+   Kxe5
4. Bd4+   Nxd4
5. Qxd4+   Ke6
6. Qd7+   ★² Kf7
7. Bd5+   Kf8
8. Qd8 #

★1

1. ⋯   Kxe5
2. Nf7+   Kf5
3. Qc2+   Rd3
4. Qxd3 #

★2

6. ⋯   Ke5
7. Qxe7+   Kf5
8. Be4 #

黑先：

1. ⋯   Qa1+
2. Qb2   Be1+
3. Ned2   Rxb3+
4. Kxb3   Rd3+
5. Kc2   Rxd2+
6. Kb3   Rxb2 #

031 日

白先：

1. Ne5+	Kg8
2. Nxe7+	★¹Kh7
3. Nf5+	Nd7
4. Qxd7+	Kg8
5. Qg7 #	

★1

2. …	Kf8
3. N7g6+	Kg8
4. Qf7 #	

黑先：

1. …	Nd3+
2. Kb1	Rxd1+
3. Ka2	Rxc2+
4. Ka3	Rxc3+
5. Ka2	Nb4+
6. Kb2	Rb3 #

032 月

白先：

1. Qh5+	*¹Kg7
2. Ne8+	Kg8
3. Qf7+	Kh8
4. Rh5+	Rh6
5. Rxh6 #	

★ 1

1. …	Ng6
2. Qh7+	Kf8
3. Nh5+	Bf6
4. Qg7 #	

1. …	Kf8
2. Qe8+	Kg7
3. Qxe7+	Kg6
4. Qh7 #	

黑先：

| 1. … | Qa2+ |

2. Kd1　　　　　Qxb1+

3. Kd2　　　　　Bxc3+

4. Kxc3　　　　 Qb2 #

033 上

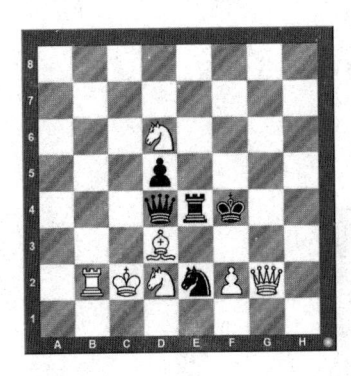

白先：

1. Qh2+　　　　Kg4
2. f3+　　　　　Kg5
3. N2xe4+　　　★¹dxe4
4. Rb5+　　　　Kg6
5. Qh5+　　　　Kg7
6. Qf7+　　　　Kh8
7. Rh5 #

★1

3. ⋯　　　　　Kg6
4. Qg2+　　　　Kh6
5. Nf7+　　　　Kh7
6. Nf6 #

黑先：

1. ···	Qc3+
2. Kb1	Qxd3+
3. Rc2	Rb4+
4. Ka1	Qa3+
5. Ra2	Qc1+
6. Nb1	Rxb1 #

034 下

白先：

1. Qa4+	Kc7
2. Rc2+	Nc5
3. Rxc5+	★¹Qxc5
4. Qa7+	Kc6
5. Nb4+	Kb5
6. Qa6+	Kxb4
7. Qa4 #	

★¹

3. ···	Kd8

4. Rc8+   Ke7

5. Qe8 #

黑先：

1. ⋯   Qg3+

2. Ke2   Nxd4+

3. Kf1   Qg1 #

035 左

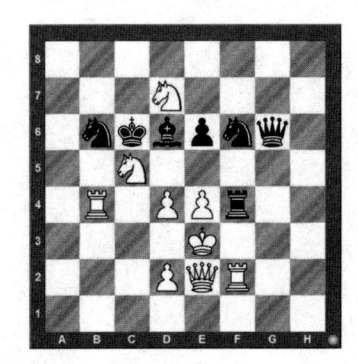

白先：

1. Qb5+   Kc7

2. Nxe6+   Kc8

3. Qc6+   Bc7

4. Qxc7 #

黑先：

1. ⋯   Rxe4+

2. Kd3   Re3++

3. Kxe3   Nbd5+

4. Kf3   Qg3 #

036 右

白先：

1. Bc4+	Qd5
2. Qf5+	Kf7
3. Qxd5+	Ke8
4. Nxf6+	★¹Rxf6
5. Qg8+	Nf8
6. Bb5+	Ncd7
7. Qxf8+	Rxf8
8. Rxf8 #	

★1

4. …	Nxf6
5. Bb5+	Ncd7
6. Qe6+	Kd8
7. Qe7+	Kc8
8. Ba6 #	

黑先：

1. …   Qa4+

2. Kc3   Qa1+
3. Kc2   Qa2+
4. Kc1   Rg1+
5. Nf1   Rxf1 #

第三章

国象五行

金水木火土,
国象藏密友。
三十二子签,
六十四卦久。

金水木火土,
意深文化古。
相生亦相克,
易难生祸福。

1. 五行图

037 金

白先：

1. Bxd5+	★¹Kd4
2. dxc3+	Rxc3
3. Re4+	Kxd5
4. Nxc3+	Kc6
5. Rxe7+	Nd5
6. Qxd5#	

★1

1. …	Nxe3
2. d4+	Kxd4
3. fxe3+	Qxe3+
4. dxe3+	Ke5
5. Bxg3#	

黑先：

1. …	Rxd1+
2. Kxd1	Qxf1+
3. ★¹Re1	Bb3+
4. Kc1	Qxe1+
5. Qd1	Qxd1#

★1

3. Kc2	Nd4+
4. Kxc3	Qa1#

038 水

白先：

1. Bxd5+	Kd7
2. Rc7+	Ke8
3. Rc8+	Qxc8
4. Rxc8+	Kd7
5. e6+	★[1]Rxe6
6. Qb5+	Kd6
7. Nf5 #	

★[1]

5. ⋯	Kd6
6. Qe5 #	

黑先：

1. ⋯	Qf3+
2. Kxe1	Bf2+
3. Kf1	Qd1+
4. Kg2	Qh1+
5. Kxh1	Nxg3 #

039 木

白先：

1. Qg7+　　　　Kh5
2. Qh7+　　　　Kg4
3. Nh2+　　　　Qxh2
4. Qxf5+　　　　Kh4
5. Qxg5 #

黑先：

1. …　　　　　Qxg2+
2. Kd1　　　　Nhf2+
3. Ke2　　　　Nxe4+
4. Kxd3　　　　Qf1+
5. Re2　　　　Rxf3
6. Be3　　　　Nf2 #

040 火

白先：

1. Qa4+	Rb5
2. Qa6+	★[1]Kd5
3. Rd7+	Kc5
4. Qc8+	Nc7
5. Rxc7+	Kb6
6. Rxg6+	Nd6
7. Rxd6+	Ka5
8. Ra6#	

★[1]

2. ⋯	Rb6
3. Qc8+	Nc7
4. Qxc7+	Kb5
5. Qc4+	Ka5
6. Rxe5+	Bc5
7. Rxc5+	Rb5
8. Qxb5#	

黑先：

1.…	Nfd4+
2. ★¹Nxd4	Nxd4+
3. Qxd4	Rf6+
4. Kg4	Rxd4+
5. Kh5	Rh4#

★1

2. Qxd4	Rf6+
3. Kg4	Qg5+
4. Kh3	Qh5+
5. Qh4	Qxh4#

041 土

白先：

1. Nf6+	Qxf6
2. c4+	Nxc4+
3. Bxc4+	Kc6
4. Qb7+	Kd6

5. Nxe4+	Ke5
6. Rxc5+	Bd5
7. Qxd5#	

黑先：

1. ⋯	Rh3+
2. Bf3	Qxf3+
3. Nxf3	Rxf3+
4. Ke2	Rxc2+
5. ★[1]Kd1	Rd2+
6. Ke1	Nd3+
7. Kf1	Rd1+
8. Ke2	Nc3+
9. Kxf3	Ne5+
10. Kg3	Ne4+
11. Kh2	Nf3#

★[1]

5. Ke1	Rc1+
6. Ke2	Rxf2+
7. Rxf2	Bg4+
8. Rf3	Bxf3+
9. Ke3	Rc3#

2. 五行生克、方位图

北方为坎水，东方为震巽木，南方为离火，西方为乾兑金，中间为坤艮土。

042 五行相克图

白先：

1. Qe8+ Kh6
2. Qh8+ Kg6
3. Nxe5+ Kf5
4. Qh7+ Ke6
5. Qxe7+ Kf5
6. Nxd6 #

黑先：

1. ⋯ Qxc2+
2. Qc4 Rc6+
3. Kb4 Qxc4+
4. Ka3 Nb3 #

043 五行方位图

白先：

1. Ne6+　　　　Kf7
2. Qf6+　　　　Kg8
3. Qg6+　　　　Kh8
4. Qxe8+　　　 Kh7
5. Qg6+　　　　Kh8
6. Qh6+　　　　Kg8
7. Qf8+　　　　Kh7
8. Ng5 #

黑先：

1. …　　　　　Nc2+
2. Nc3　　　　Bxc3+
3. Kxc3　　　 Rc7+
4. ★¹ Kb2　　 Qa3+
5. Kb1　　　　Qa1 #

★¹
4. Kd2　　　　e3+
5. Kc1　　　　Qa1 #

第四章

伏羲八卦

064

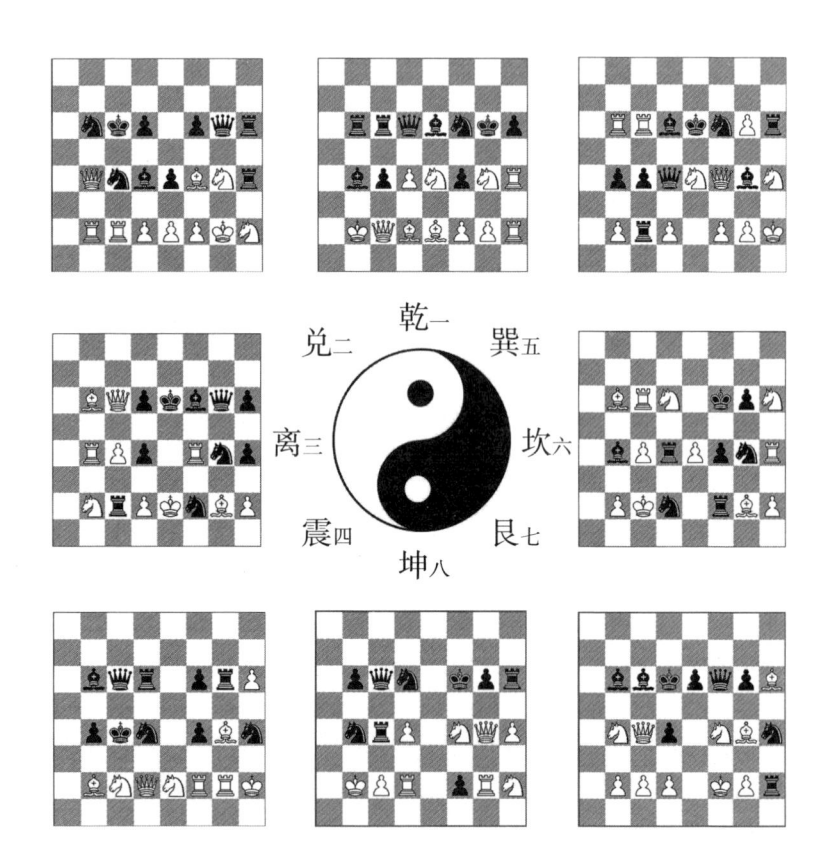

国象易趣排局

兑二　乾一　巽五

离三　　　坎六

震四　艮七
坤八

1. 八卦的组成

八卦是由象征意义的两种符号组成，用"—"代表阳，称为阳爻；用"--"代表阴，称为阴爻。以三个为一组，组成八种不同形式，代表八种不同的道理，叫做八卦。

2. 伏羲八卦

伏羲仰则观象于天，俯则观法于地。仰视看天文天体、气象现象，俯身看地球物理法则、鸟兽自然规律，近取诸身，远取诸物，最后归纳成为文化精神的结晶，画成八卦图。

3. 伏羲八卦口诀

> 乾三连，坤六断，
> 震仰盂，艮覆碗。
> 离中虚，坎中满，
> 兑上缺，巽下断。

4. 阴阳两爻

044 阳爻

白先：

1. Na2+	*¹Kxa2
2. Qc2+	Ka1
3. Bd4+	Qc3
4. Bxc3 #	

*1

1. …	Ka4
2. Qc2+	Ka5
3. Qc5+	Ka4
4. Qb4 #	

黑先：

1. …	Bf4+
2. Kh4	Qg3+
3. Kh5	Qg5 #

045 阴爻

白先：

1. Ne2+   Kd2
2. Qc3+   Kd1
3. Qc1 #

黑先：

1. …   Be5+
2. Kf2   Bd4+
3. Ke1   Qh1 #

5. 伏羲八卦国象图

046 乾一

白先：

1. Nexf6+	Bf5
2. Rxh6+	Kg7
3. Rh7+	[1]Kf8
4. Rh8+	Kf7
5. R2h7+	Ke6
6. Bxc4+	Qd5
7. Bxd5+	Kd6
8. Bxf4#	

[1]

3. ⋯	Bxh7
4. Qxh7+	Kf8
5. Qg8+	Ke7
6. Qe8#	

黑先：

1. ⋯	Bxd2+
2. Ka2	Ra6+
3. Kb1	Rcb6+
4. Qb3	Rxb3+
5. Kc2	Ra2+
6. Kd1	Rb1#

047 兑二

白先：

1. Qxd6+	Kb7
2. Qd5+	Ka7
3. Ra2+	Na4
4. Rxa4+	Kb6
5. Rb4+	Ka6
6. Qxc4+	Ka5
7. Ra2#	

黑先：

1. ···	Rxh2+
2. Bxh2	Qxg4+
3. Kf1	Qh3+
4. Ke1	Bxf2+
5. Kxf2	Qxh2+
6. Kf1	Qf4+
7. Kg1	Rg6+
8. Kh1	Qh6 #

048 离三

白先：

1. Qc8+	★¹Ke7
2. Bd8+	Kf8
3. Bxf6+	Qe8+
4. Be5+	Nf6
5. Rxf6+	Ke7
6. Rb7+	Qd7
7. Rxd7#	

★1

1. ⋯	Ke5
2. Rf5+	Qxf5
3. Rb5+	d5
4. Bc7#	

黑先：

1. ⋯	d3+
2. Kf3	Nxh2+
3. Kxf2	Qg3+

4. Kg1	Rc1+
5. Nd1	Rxd1+
6. Rf1	Rxf1#

049 震四

白先：

1. Qxb4+	Kd5
2. Nxf4+	Ke5
3. Bxd4+	Bxd4
4. Nd3+	Ke4
5. Rf4+	Kxd3
6. Rd2#	

黑先：

1. …	Qxg2+
2. Rxg2	Nhf3+
3. Bxf3	Rxh6+
4. Bh5	Rxh5+
5. Kg1	Nf3+

6. Kf1	Nxd2+
7. Ke1	Nf3+
8. Kf1	Rd1+
9. Ne1	Rxe1#

050 巽五

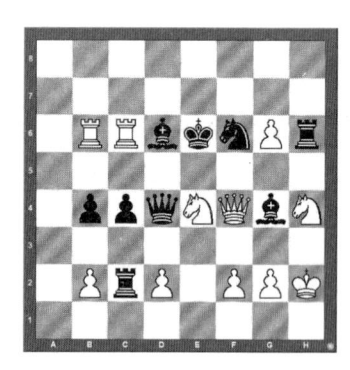

白先：

1. Rxd6+	Ke7
2. Rb7+	Bd7
3. Rbxd7+	Ke8
4. Nxf6+	Qxf6
5. Rd8+	Qxd8
6. Qf7#	

黑先：

1. ⋯	Rxh4+
2. Kg3	Rh3+
3. gxh3	Qd3+
4. f3	Qxf3+

5. Kh2	Qxf4+
6. Ng3	Qxg3+
7. Kh1	Qh2#

051 坎六

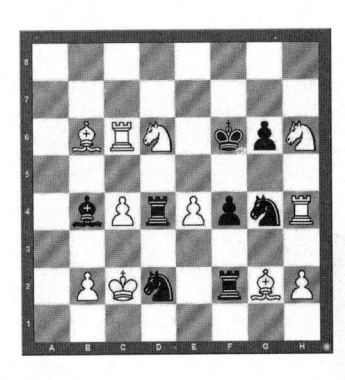

白先：

1. Nxg4+	*[1]Ke6
2. Nb7+	Rd6
3. Nd8+	Ke7
4. Rc7+	Rd7
5. Rh7+	Kxd8
6. Rcxd7+	Ke8
7. Rd8#	

*[1]

1. ⋯	Ke7
2. Rh7+	Ke6
3. Nb5+	Rd6
4. Nd4#	

黑先：

1. ⋯	Ne3+
2. Kc1	Nb3+
3. Kb1	Rd1+
4. Ka2	Nc1+
5. Ka1	Nd3+
6. Ka2	Rxb2#

052 艮七

白先：

1. Qxc6+	Ke7
2. Nbd5+	Kd8
3. Qxb6+	Ke8
4. Qc6+	★[1] Kd8
5. Qc7+	Ke8
6. Nxf6 #	

★[1]

4. ⋯	Kf7

5. Bxe6+　　　　Qxe6

6. Qxe6 #

黑先：

1. ⋯　　　　　　d3+

2. Kg3　　　　　Nf5+

3. Kxh2　　　　Qh4+

4. ★¹Bh3　　　Qg3+

5. Kh1　　　　 Qe1+

6. Kh2　　　　 Qg1 #

★1

4. Nh3　　　　 Qg3+

5. Kh1　　　　 Qxg2 #

053 坤八

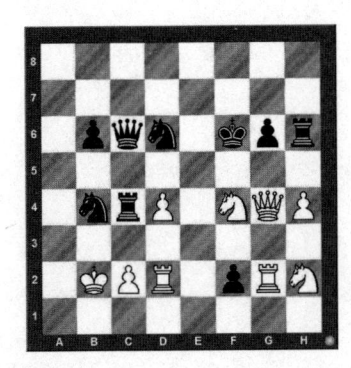

白先：

1. Qe6+　　　　Kg7

2. Nh5+　　　　★¹Kf8

3. Rdxf2+　　　Qf3

4. Rxf3+	Nf5
5. Rxf5+	gxf5
6. Rg8 #	

★ 1

2. ⋯	Rxh5
3. Rxg6+	Kh8
4. Qg8 #	

黑先：

1. ⋯	Rxc2+
2. Rxc2	Qxc2+
3. Ka3	Qc3+
4. Ka4	b5+
5. Ka5	Nd5+
6. Ka6	Qa3 #

第五章

文王八卦

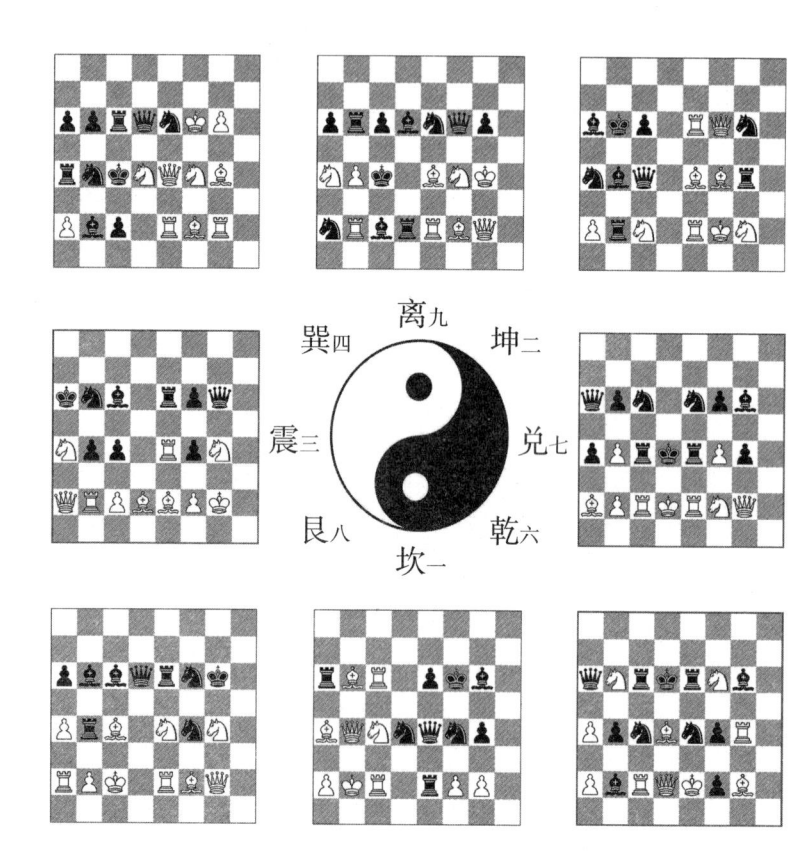

国象易趣排局

1. 伏羲卦为体，文王卦为用

伏羲卦以乾坤为主体，文王卦则以坎离代乾坤为实用。

伏羲卦，乾坤离坎是天地日月，天地相对，日月争辉。文王卦，震离兑坎是春夏秋冬，年年循环，日月翻新。

2. 文王八卦四句歌

> 一数坎兮二数坤，
> 三震四巽数中分。
> 五寄中央六乾是，
> 七兑八艮九离门。

3. 周文王囚羑里演八卦

据《左传》记载，周文王囚于羑里七年（《史记》记为三年）。纣王为断绝文王与外界的联系，在羑里驻有重兵。文王虽身陷囹圄，但胸怀宽广，自强不息，总结夏商两代以来，伏羲八卦发展演变的精华，将伏羲八卦演绎成六十四卦，共三百八十四爻，每卦有卦辞，每爻有爻辞，遂成《周易》。

054 文王演八卦

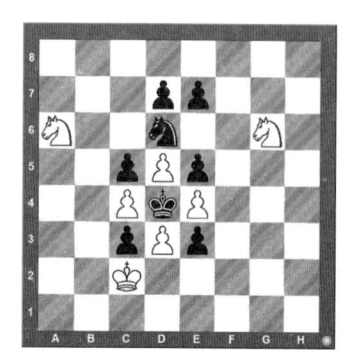

白先：

1. Nh4	e2
2. Ng2	Ne8
3. Nxc5	Kxc5
4. Kxc3	Nc7
5. Kd2	Na6
6. Kxe2	Kd4
7. Kd2	Nc5
8. Ne1	Nb3
9. Kc2	Nc5
10. Nf3+	Ke3
11. Nxe5	Kd4
12. Nf3+	Ke3
13. Ne1	Ke2
14. Ng2	Nxd3
15. Kc3	Nc5
16. Nh4	e6

17. dxe6   dxe6
18. Kd4   Nb3+
19. Ke5   Kd3
20. Kxe6   Kxe4 =

和棋

4. 文王八卦国象图

055 坎一

白先：

1. Qf8+   Bf7
2. Qh6+   Qg6
3. Bd8+   Kf5
4. Nd6+   Ke5
5. R6c5+   Nd5
6. f4+   ★[1]gxf3
7. Qh2+   Qg3

8. Qxg3#

★1

6. ⋯   Kxd6
7. Qf8+   Ne7
8. Qxe7#

黑先：

1. ⋯   Rxc2+
2. Ka3   Qd3+
3. Qb3   Rxa2+
4. Kb4   R2xa4+
5. Qxa4   Rxa4+
6. Kc5   Rxc4+
7. Kd6   Nb5#

056 坤二

白先：

1. Qd8+   Kb5
2. Bxc6+   ★1Qxc6

3. Nd4+	Kc4
4. Ne3+	Kc3
5. Nb5+	★² Bxb5
6. Nd1+	Kc4
7. Nxb2+	Nxb2
8. R2e4+	Qxe4
9. Rxe4+	Kc5
10. Qd6#	

★¹

2. ⋯	Kc5
3. Qd6+	Kb6
4. Qc7+	Kc5
5. Bd6#	

★²

5. ⋯	Qxb5
6. Nd1+	Kc4
7. R6e4+	Kc5
8. Qd6#	

黑先：

1. ⋯	Bc5+
2. Qd4	Qxe2+
3. Kg1	Bxd4+
4. Be3	Bxe3+
5. Ncxe3	Qxe3+
6. Kh1	Rh4+
7. Nxh4	Qc1#

057 震三

白先：

1. Nc5++   Kb5
2. Bxc4+   Nxc4
3. Qa6+   Kxc5
4. Bxb4+   Kd5
5. Qxc4 #

黑先：

1. …   Qxe4+
2. f3   Qxe2+
3. ★¹Kh3   Qxf3+
4. Kh4   Qh1+
5. Nh2   Qxh2
6. Kg4   Qg3+
7. Kf5   Re5+
8. Kxf6   Nd7+
9. Kf7   Bd5 #

★¹
3. Kg1   Qd1+

4. Kh2	Re2+
5. Nf2	Rxf2+
6. Kh3	Qxf3
7. Kh4	Rh2 #

058 巽四

白先：

1. Rxc2+	Nxc2
2. Qxc2+	Kb4
3. Qxb2+	Ka5
4. Nxc6+	Qxc6
5. Be1+	Qc3+
6. Bxc3+	Rb4
7. Qxb4#	

黑先：

1. …	Qd8+
2. Ke5	Ra5+
3. Nd5	Rxd5+

4. Qxd5+	Qxd5+
5. Kf6	Qd8+
6. Ke5	Qd6+
7. Kf6	Nd5+
8. Kf7	Qf8#

059 乾六

白先：

1. Be5+	★¹ Ke7
2. Qd7+	Kf8
3. Nh7+	Bxh7
4. Qg7+	Ke8
5. Qh8+	Bg8
6. Qxg8+	Ke7
7. Rg7 #	

★¹

1. ⋯	Kxe5
2. Nbd7+	Kf5

3. Qxf4 #

黑先：

1. …	Nexd2+
2. Ne4+	Rxe4+
3. Be3	Nxe3+
4. ★¹Kxf2	Nxg4+
5. Kg1	Re1+
6. Bf1	Qxf1 #

★¹

4. Nc4+	Nexc4+
5. Kd1	Re1 #

060 兑七

白先：

1. Rxc4+	★¹ Qxc4
2. Rxe4+	Kd5
3. Bxc4+	Kd6
4. Rxe6+	Kc7

5. Qxc6+	Kb8
6. Qd6+	Kh8
7. Bd5+	Kh7
8. Qxb6#	

★1

1.…	Kd5
2. Rd4+	Kxd4
3. Rxe4+	Bxe4
4. Qxe4 #	

黑先：

1.…	Rxc2+
2. Kxc2	Qxe2+
3. Kc1	Qe3+
4. Kc2	Nxb4+
5. Kb1	Qe1+
6. Nd1	Qxd1 #

061 艮八

白先：

1. Ne5+	Kh6

2. Qg5+   Kh7

3. Nxf6+   Rxf6

4. Qg8+   Kh6

5. Qh8+   Kg5

6. Qh4+   Kf5

7. Qg4#

黑先：

1. …   Rxc4+

2. Nc3   Rxc3+

3. bxc3   Bxa4+

4. Rxa4   Rxe2+

5. Kb3   Qd1+

6. Ka3   Qa1+

7. Kb3   Qb1+

8. Ka3   Ra2#

062 离九

白先：

1. Nxb6+   Kc3

2. Qf3+	★¹Kxb2
3. Nc4+	Ka1
4. Re1+	Rd1
5. Rxd1+	Bxd1
6. Qxd1+	Nc1
7. Qxc1+	Ka2
8. Qa3#	

★1

2. ⋯	Bd3
3. Na4+	Kc4
4. Bxd3+	Rxd3
5. Qxd3#	

黑先：

1. ⋯	Qg5+
2. Kh3	Nxf4+
3. Kh2	Qxg2+
4. Bxg2	Nxe2+
5. Bg3	Bxg3+
6. Kh1	Rd1+
7. Bf1	Be4#

第六章

九州八阵图

1. 华夏九州图

```
                扬州
    徐州          离                荆州
     巽         （南）              坤
   （东南）                       （西南）


  青州  震（东）   中央      （西）兑  梁州
                  豫州

       （东北）              （西北）
         艮         （北）        乾
       兖州          坎          雍州
                   冀州
```

2. 国象九州图

> 九宫八阵子聚齐，
> 奇正术数细审理。
> 天翻地覆风云散，
> 龙虎蛇鸟归故居。

(1)

(2)

(3)

(4)

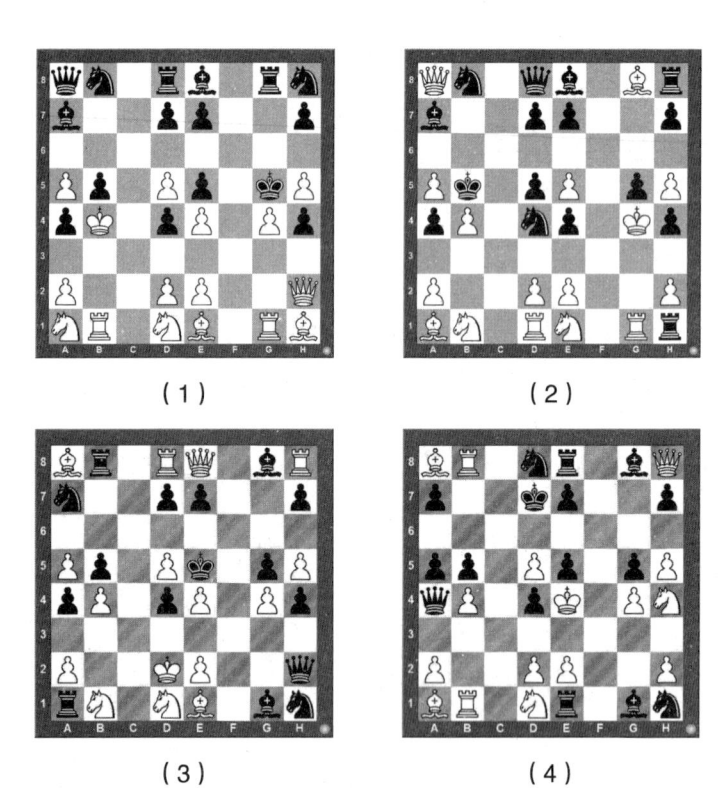

063 国象九州图 4-1

白先：

1. Qe5+   Kh6
2. g5+   Kxh5

3. g6+	Kh6
4. Qg5+	Kg7
5. Qxe7+	Bf7
6. gxf7+	Ng6
7. f8=N+	Kh8
8. Qxh7 #	

黑先：

1. ⋯	Bc5+
2. Kxc5	Na6+
3. Kxb5	Rb8+
4. Kc4	Rc8+
5. Kd3	Nb4+
6. Rxb4	Qa6+
7. Rc4	Qxc4 #

064 国象九州图 4-2

白先：

| 1. Qb7+ | Qb6 |

2. Na3+	Kxb4
3. Nec2+	Nxc2
4. Nxc2+	Kxa5
5. Bc3+	Kb5
6. Ra1+	Kc5
7. Qxd5 #	

黑先：

1. ⋯	Rxg1+
2. Ng2	Bxh5+
3. Kxh5	Qe8+
4. Kg4	h5+
5. ★[1]Kh3	g4+
6. Kxh4	Nf3+
7. Kg3	h4+
8. Kf4	Qf8+
9. Bf7	Qxf7+
10. Kxg4	Rg8+
11. Kh3	Qf5#

★[1]

5. Kxg5	Qxg8+
6. Kf4	Qg4+
7. Ke3	Nc2 #

065 国象九州图 4-3

白先：

1. Qxe7+   Be6
2. Qg7+   *1Kd6
3. e5+   Qxe5
4. Qf8+   Kc7
5. Qc5+   Nc6
6. d6+   Qxd6
7. Qb6+   Rxb6
8. Rc8 #

*1
2. ⋯   Kxe4
3. Nbc3+   dxc3
4. Nxc3+   Kf4
5. Qf6+   Bf5
6. Qxf5 #

黑先：

1. ⋯   Qf4+

2. e3	Bxe3+
3. Kd3	Qxe4+
4. Ke2	Rxa2+
5. Nd2	Rxd2+
6. Bxd2	Ng3+
7. Ke1	Qh1 #

066 国象九州图 4-4

白先：

1. Bc6+	Nxc6
2. dxc6+	Kxc6
3. Rc1+	★[1]Qc2+
4. Rxc2+	Kd7
5. Rc7+	★[2]Ke6
6. Qxe5+	Kf7
7. Qf5+	Kg7
8. Qxg5+	Kf7
9. Qf4+	Ke6

10. Qf5+ Kd6

11. Qd7 #

★1

3. ⋯ Bc4

4. Qxe8+ Kc7

5. Rc8+ Kb6

6. Qc6 #

★2

5. ⋯ Kxc7

6. Qxe5+ Kc6

7. Qc5+ Kd7

8. Rxa7+ Ke6

9. Qf5+ Kd6

10. Qd7 #

黑先：

1. ⋯ Qc2+

2. ★1Kf3 Rf8+

3. Qf6 Rxf6+

4. Kg2 Rxe2+

5. Kxg1 Re1+

6. Kg2 Qe4+

7. Kh3 Rf3+

8. Kg2 Qxg4 #

★1

2. d3 Qxe2+

3. Kf5　　　　Qxd3+
4. Kxg5　　　Nf7 #

3. 诸葛八阵图

（1）八门图

```
        杜          景          死
       （巽）      （离）      （坤）
        ☴          ☲          ☷
        4          9          2

伤（震）☳   3      5      7   ☱（兑）惊

        8          1          6
        ☶          ☵          ☰
       （艮）      （坎）      （乾）
        生          休          开
```

八阵图传说是三国时诸葛亮创设的一种阵法。相传诸葛亮御敌时以乱石堆成石阵，按遁甲分成休、生、伤、杜、景、死、惊、开八门，其阵变化万端，可挡十万精兵。

（2）八阵图

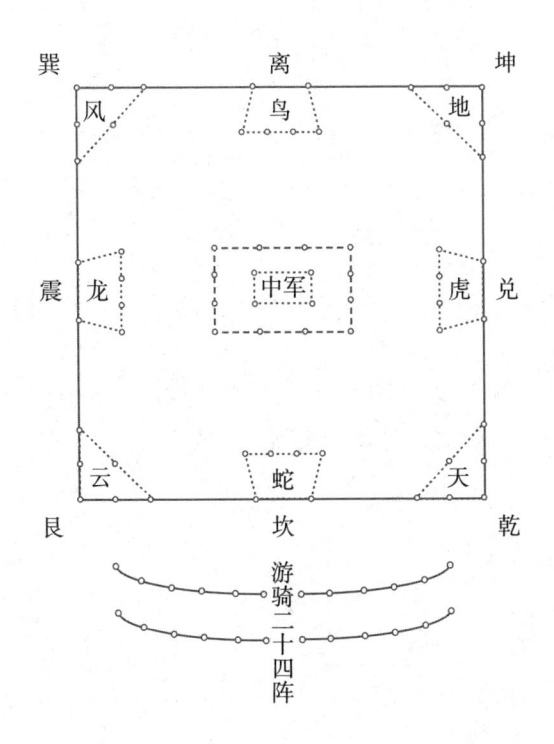

```
  巽        离        坤
   ┌──风─────鸟─────地──┐
   │                   │
   │                   │
   │      ┌─────┐      │
震 │  龙  │ 中军 │ 虎  │ 兑
   │      └─────┘      │
   │                   │
   │                   │
   └──云─────蛇─────天──┘
  艮        坎        乾

        游骑二十四阵
```

4. 国象八卦阵

> 天地日月寒暑凉，
> 山河风雷常相荡。
> 战术谋略添新意，
> 乾坤离坎擒后王。

```
          乾（天）
           ☰
 兑（泽）         巽（风）
   ☱    1        ☴
       2    5
 离（火）           坎（山）
   ☲  3      6   ☵
         4    7
         8
   ☳             ☶
 震（雷）         艮（山）
          ☷
         坤（地）
```

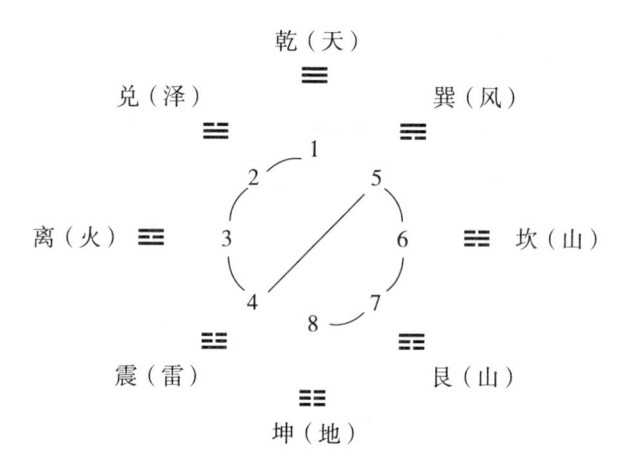

吸收易经理念，运用先天八卦各卦的功能，结合16种战术，选准要点，把握时机，攻守兼顾，百战不殆。

（1）乾（天）阵

天行健，君自强。

天创万物，日新其德。

067 牵制攻击（强攻）

运用频繁，变化多端。

相生相克，虎视眈眈。

白先胜：

1. Nb4!　　　　　axb4
2. Qxd6!　　　　Qd7
   [2. ⋯　　　　　Rxd6
   3. Re8+　　　　Rf8
   4. Rxg7+　　　 Kh8
   5. Rxf8 #]
3. Qd5!!　　　　Kf8
   [3. ⋯　　　　　Qxd5
   4. Re8；
   3. ⋯　　　　　g6
   4. Rge3!]
4. Rxg7!　　　　Qxd5
5. Rg8+　　　　 Kxg8
6. Re8+　　　　 Rf8
7. Rxf8 #

（Korchmar—Polyak，1937.）

068 长将（强守）

势弱不利，主动出击。

创造机会，得益终局。

白先：

1. Bxe4!!

   [1. Bc2?   Ra2

   2. Bb1   Rb2!]

1. ⋯   Rxf1

2. Bf5+   Ra1

3. Be6+   Kh7

4. Bf5+   Kg8

5. Be6+=

长将和

（Raderich—Donskrn, URS, 1972）

（2）兑（泽）阵

外谦内强，外柔内刚。

069 兑子过渡

水聚集泽，润万物，

兑子为悦，醒四方。

黑先胜：

1. ···	Rxh2!!
2. Rxh2	Qxa3!
3. bxa3	
[3. Kb1	Nc3+
4. bxc3	Ka8!；
3. c3	Qa1+!
4. Kc2	Qa4+
5. Kc1	Bc5
6. Qf3	g4
7. Qe2	Nf2!!]
3. ···	Bxa3+
4. Kb1	Nc3+
5. Ka1	Bb2+
6. Kb2	Nxd1+
7. Kc1	Nxe3

（0∶1）

（Andreev—Diukhahor URS，1935）

070 线攻击

水到渠成，万物生，

连消带打，悦中行。

白先胜：

1. Bxe6!   Nxf3

　[1. ⋯   Qxe6

　2. Qxe6   fxe6

　3. Rf8]

2. Qxg6+   Kh8

3. Qxh5+   Kg7

　[3. ⋯   Kg8

　4. Rf3]

4. Nf5

（1∶0）

（Bednarski—EAndersson，EKSJO，1976）

（3）离（火）阵

火内虚外实，附天间地物，得灿烂辉煌。

071 引入

弃子毅然换颜色，
日照鲜明育新机。

白先胜：

1. Qd8+   Qxd8
2. Nf7+   Kg8
3. Nxd8   Nf8
4. Bxf8   Kxf8
5. Nxe6

（1∶0）

（Konstantionlsky—Holodkerich，URS 1954）

072 引离一

引火烧身，果断图新，
受之以离，漂亮华丽。

白先胜：

1. Rd8+! Ne8
   [1. … Qxd8
   2. Qxg7 Ke8
   3. Qf7 #]
2. f6! Qxf6
   [2. … gxf6
   3. Qg8]
3. Qa3+! Qe7
4. Rf1+ Bf5
5. Rxf5 #

（Yishnjatskr— Pererozhikov URS，1950）

073 引离二

燥物自然，星火燎原

借力克力，力自分离。

白先胜：

1. Rc1+! Kb8
2. Qb4+ Ka8
3. Bf3+
   [3. Re1? b2+]
3. ... Rxf3
4. Qe4! Qxe4
5. Rc8 #

（Duras — NN, Prague, 1910）

（4）震（雷）阵

雷惊百里，戒惧慎行。

074 闪击

电闪雷鸣,冲阵破营。

电击闪光,钟摆连将。

白先胜:

1. Qh5!	gxh5
[1. ···	Bh4
2. Qxh7+	Kxh7
3. Rxh4+	Kg8
4. Rh8 #]	
2. Rg3+	Ng7
3. Rxg7+	Kh8
4. Rxf7+	Kg8
5. Rg7+	Kh8
6. Rxe7+	Kg8
7. Rxd7+−	

(Grabran—Rozhlapa URS 1971)

075 兵升变

势发号鸣，击鼓进兵

白先胜：

1. Rxe7　　　　Rxe7
2. Bh4!　　　　Kf7

　[2. …　　　　Rde8

　3. f6+!；

　2. …　　　　Red7

　3. Bxd8　　　Rxd8

　4. Rc7+!]

3. Bxe7　　　　Kxe7
4. Rc7+　　　　Rd7
5. f6+!　　　　Ke8
6. Bg6+　　　　Kd8
7. f7!

（1∶0）

（Alekin—Bogoliubor, Match, 1929）

（5）巽（风）阵

随风巽：顺逊阴柔，顺风齐物。

076 消除保护

风助势，势随风，

轻灵飘逸破王宫。

白先胜：

1. Bd5+!   cxd5
2. Qxd5+   Qf7
3. Qg5+   Ng7
4. Nf5!   Qg6
5. Ne7

（1∶0）

（Saroh—Ree，Srhai，1965）

077 化解优势

兵听将令草随风，
老马识途保军营。

白先和：

1. Nc6!　　　　　d3
2. Nxa7!　　　　d2
3. Nb5　　　　　d1Q
4. Nc3　　　　　Qd6+
5. Kh1　　　　　Qd2
6. Ne4 =

（A.Tvoickr，1910）

（6）坎（水）阵

上善若水，流而不溢。
高低坎坷，遇阻弯曲。
滴水穿石，一泻千里。

078 缠绕

运其子，缠其身。
滴其水，耐其心。

黑先胜：

1. …	Rxe5!
2. fxe5	Nxe5
3. Qd1	
[3. Qe2	Qc5!]
3. …	Rxh4!
4. gxh4	Ng4+
5. Ke1	
[5. Kg2	Ne3；
5. Kg1	Qf4
6. Qe2	Bb5
7. Qg2	Qe3]
5. …	Qf4
6. Qe2	Bb5!
7. Qg2	Qe3+

（0:1）

（Gobo-Ivkov Havana, 1963）

079 等着

受阻积力，等待时机。

适时冲击，一着见底。

白先胜：

1. Rc2	Qxc2
[1. …	Qf8
2. Rc4+	Kg5
3. Bd2+	∞
4. Rf4+	]
2. Bd8+	g5
3. Ba5	Qe2
4. Bc7	Qf2
5. Bd6	Qf4+
6. g3+	Qxg3+
7. Bxg3 #	

（S.卡米纳，1925）

(7) 艮（山）阵

艮其背，不获其身，行于庭不见其人。动定自如，知进识止。

080 拦截

投石过河，知深浅。

白先胜：

1. Be6!	Nc6
[1. …	Nf5
2. Rd7!	Rxd7
3. Rxd7	Qb8
4. Bxf5	gxf5
5. Qh6]	
2. Rd7	Rxd7
3. Rxd7	Qb8
4. Rxh7+	Kxh7
5. Qh6 #	

（Rausis—Gofshtein, Sofia, 1988）

081 堵塞

投石问路，定进退。

白先胜：

1. Be8!!　　　　Rxe8

　[1. …　　　　gxf6

　2. Ng4!　　　　Rfxe8

　3. Qh6　　　　Kh8

　4. Nf6　　　　Ng5

　5. fxg5+−]

2. Qh6!!　　　　gxh6

3. Ng4　　　　~

4. Nh6 #

（8）坤（地）阵

"含章可贞"以时发，厚德载物借地势。

082 腾挪

以柔润其地,

以缓击其形。

白先胜:

1. Bf5!! Qxf5

 [1. ⋯ Rxf5

 2. Qg8+ Kh6

 3. Qh8+ Qg5

 4. Qxg7+ Kh4

 5. Qg3 #]

2. Qg8+ Kh6

3. Qh8+ Qh7

4. Rd6+ Rf6

5. Rxf6+ gxf6

6. Qxf6+ Qg6

7. Qxg6 #

083 无子可动（逼和）

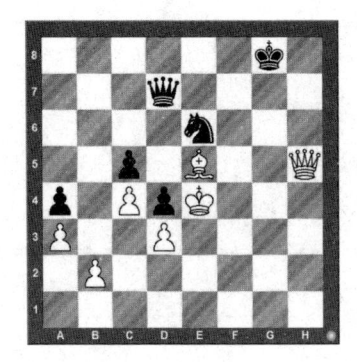

以稳利地——自信。

以弱建形——自保。

黑先和：

1. ⋯	Qc6+
2. Kf5	Ng7+
3. Bxg7	Qg6+!!
4. Kxg6=	

和棋

> 势弱后轻舞，
> 路滑马蹄闲。
> 陈兵堞不破，
> 请友近身边。

5. 十面埋伏

八卦旌旗随风扬，

战阵蹄飞峡谷荡。

请君披挂中军进，

忘却生死闯吉祥。

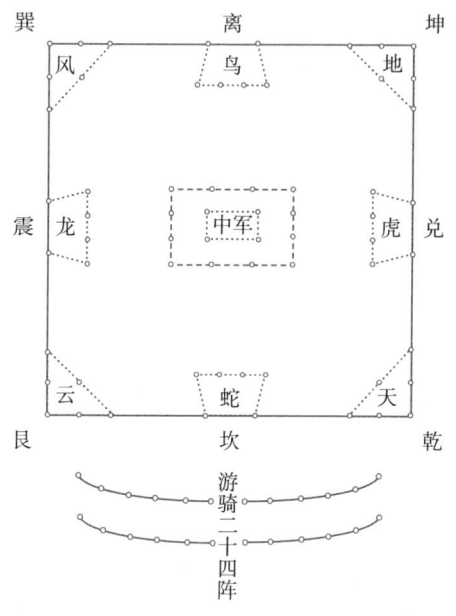

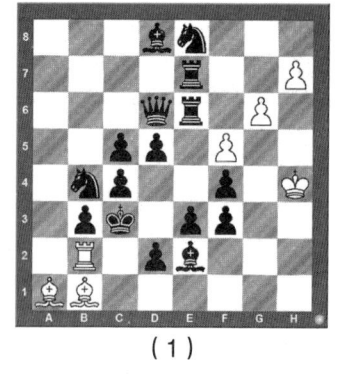

巽　　　　离　　　　坤

风　　　　鸟　　　　地

震　龙　　中军　　虎　兑

云　　　　蛇　　　　天

艮　　　　坎　　　　乾

游骑二十四阵

（1）　　　　　　（2）

(3)   (4)

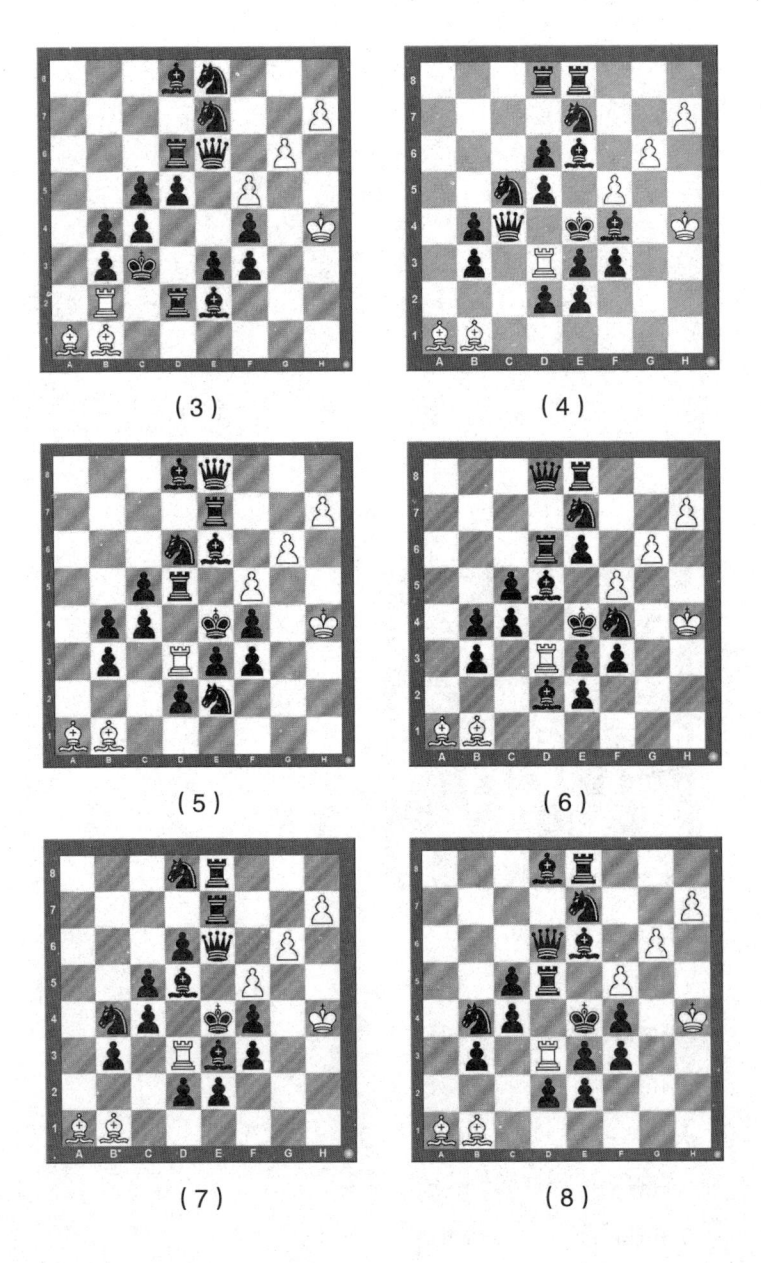

(5)   (6)

(7)   (8)

第六章 九州八阵图

（9）

（10）

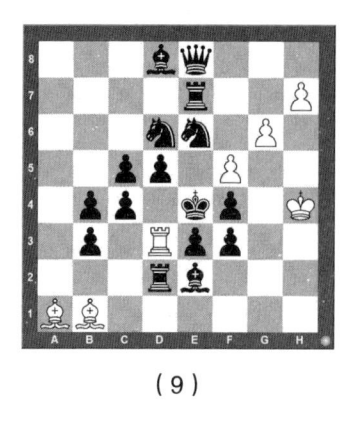

084 十面埋伏 10-1

白先：

1. Rc2+   Kd3
2. Rc3+   Kd4
3. Rd3+   Ke4
4. Rd4+   Ke5
5. Re4+   Kxf5
6. Re5+   Kf6
7. Rf5+   Kxg6

8. Rf6+　　　　　Kg7

9. h8Q+　　　　　Kxh8

10. Rf8 #

085 十面埋伏 10-2

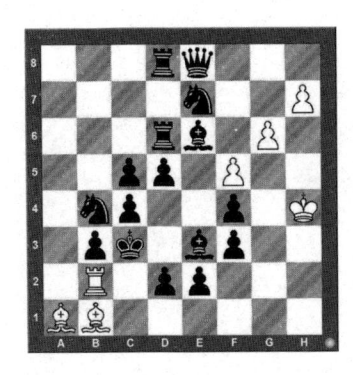

白先：

1. Rc2+　　　　　Kd3

2. Rc3+　　　　　Kd4

3. Rd3+　　　　　Ke4

4. Rd4+　　　　　Ke5

5. Re4+　　　　　Kxf5

6. Re5+　　　　　Kf6

7. Rf5+　　　　　Kxg6

8. Rf6+　　　　　Kg7

9. Rf8+　　　　　Kxf8

10. h8Q+　　　　　Ng8

11. Qg7 #

086 十面埋伏 10-3

白先：

1. Rc2+	Kd3
2. Rc3+	Kd4
3. Rd3+	Ke4
4. Rd4+	Ke5
5. Re4+	Kxf5
6. Re5+	Kf6
7. h8=Q+	Ng7
8. Qf8+	Qf7
9. Qxf7 #	

087 十面埋伏 10-4

白先：

1. Rd4+   Ke5
2. Re4+   Kxf5
3. Re5+   Kf6
4. Rf5+   Kxg6
5. Rg5+   Kf7
6. Rg7+   Kf8
7. h8Q+   Ng8
8. Rxg8+   Ke7
9. Rg7+   Bf7
10. Rxf7+   Kxf7
11. Qf6+   Kg8
12. Qg7 #

088 十面埋伏 10-5

白先：

1. Rd4+   Ke5
2. Re4+   Kxf5
3. ★[1]Rxc4+   Rd3

4. Bxd3+   Ne4
5. Bxe4 #

局面形势，迷宫着法。

★1

3. Re5?!   Kf6
4. Rf5+   Kxg6
5. Rg5+   ★★1Kh6
6. h8=Q+   Qxh8
7. Rg6+   Kh7
8. Rg7+   Kh6
9. Rg6+   Kh7

和棋

★★1

5. …   Kf7
6. Rg7+   Kf8
7. h8=Q+   Bg8
8. Qxg8 #]

089 十面埋伏 10-6

白先：

1. Rd4+	Ke5
2. Re4+	Kxf5
3. Rxc4+	Nd3
4. Bxd3+	Be4
5. Bxe4+	Kf4
6. Bd5+	Kf5
7. Be4+	Kf4
8. Bd5+	Kf5
9. Be4+	Kf4
10. Bd5+	Kf5=

和棋

090 十面埋伏 10-7

白先：

1. Rd4+	Ke5
2. Re4+	Kxf5
3. Re5+	Kf6

4. Rf5+	Kxg6
5. Rg5+	Kf7
6. Rg7+	Kf8
7. h8Q+	Qg8
8. Rxg8+	★[1]Kf7
9. Qh7+	Ke6
10. Bf5 #	

★1

8. ⋯	Bxg8
9. Qh6+	Rg7
10. Qxg7 #	

091 十面埋伏 10-8

白先；

1. Rd4+	Ke5
2. Re4+	Kxf5
3. Re5+	Kf6
4. Rxd5+	b2

5. Bxb2+   c3

6. Bxc3+   Qe5

7. Bxe5 #

092 十面埋伏 10-9

白先：

1. Rd4+   Ke5

2. Re4+   Kxf5

3. Re5+   Kf6

4. Rf5+   Kxg6

5. Rg5+   ★[1]Kf7

6. Bg6+   Kf8

7. h8Q #

★[1]

5. ···   Kh6

6. h8Q+Qxh8

7. Rh5 #

093 十面埋伏 10-10

白先：

1. Rd4+　　　　Ke5
2. Re4+　　　　Kxf5
3. Re5+　　　　Kf6
4. Rxd5+　　　 c3
5. Bxc3+　　　 Qe5
6. Rxd6+　　　 Kg7
7. Bxe5+　　　 Kh6
8. Bxf4+　　　 Kg7
9. Be5+　　　　Kh6
10. Bf4+=

长将和

第七章

新年好

1. 阳历年

阳历年是公历年的俗称，以地球绕太阳转一周的时间为一年（365.2421 天），一年分为 12 个月，每年的第一天称为元旦。

元旦是世界人民的共同节日，也是中国的阳历年，这一天人们相互传递喜悦的心情和美好的祝愿——元旦快乐。

（1）元旦快乐

094 元

白先：

1. Qh4+   ★[1]Kf8

2. Qh8+   Rg8

3. Bh6+   Ke7

4. Qf6+   Ke8

5. Rxe5+Be6

6. Rxe6+fxe6

7. Qxe6+Kd8

8. Qxd7 #

★1

1. …	Ke8
2. Qh8+	Rg8
3. Qxg8+	Ke7
4. Bg5+	Ke6
5. Rf6+	Ke7
6. Rb6+	f6
7. Bxf6 #	

黑先：

1. …	Be4+
2. Rd3	Na3+
3. Kd1	Nxe3+
4. Kd2	Nac4+
5. Bxc4	Nxc4+
6. Kd1	Ne3+
7. Kd2	Qb4+
8. Kxe3	Bd4+
9. Kxe4	Qb7 #

095 旦

白先：

1. Qh3+	★[1]Kg5
2. Rxe5+	Rxe5
3. Ne6++	Kg6
4. Qh6+	Kf5
5. Ng7 #	

★[1]

1. …	Nfg4
2. fxg4+	Kg5
3. Qh5+	Kf6
4. Qh6+	Ng6
5. Nh5 #	

黑先：

1. …	Qa5+
2. Kb2	Qa2+
3. Kc3	d4+
4. Rxd4	Qa5+
5. Kb2	Rb7+
6. Rb3	Bxd4+
7. Kxb1	Qa1+
8. Kc2	Qa2+
9. Bb2	Qxb3+
10. Kd2	Qe3+
11. Kc2	Rxb2 #

096 快

白先：

1. Nxh4+	Kg5
2. Nxf3+	Kf5
3. Nexd4+	Bxd4
4. Nxd4+	Kg5
5. Qd5+	Ne5
6. Qxe5+	Qf5
7. Bxf4 #	

黑先：

1. …	Ne5+
2. ★[1] Kd5	Nxc3+
3. Nxc3	Bxc6+
4. Kd6	Qxe6 #

★[1]

2. Kxd4	Nxc6++
3. Kc4	Qxe6 #

097 乐

白先：

1. Nxd5+   *¹Bxd5
2. Qxd7+   Kf6
3. Rc6+   Nd6
4. Rxd6+   Qe6
5. Qf7 #

*¹

1. …   Kf8
2. Qc8+   Qe8
3. Qxe8+   Kxe8
4. Rc8 #

黑先：

1. …   Nxg3+
2. *¹Kd3   Nb4+
3. cxb4   Rd4+
4. Kc2   Rd2+
5. Kb1   Ba2 #

★1

2. hxg3	Qf2+
3. Kd3	Qd2+
4. Kxe4	Nf6+
5. Kf3	Qf2 #

（2）劳动节

098 劳动节一

白先：

1. Na8+	Ka7
2. Qa5+	Kb8
3. Nc6+	dxc6
4. Qd8+	Ka7
5. Bxc5+	b6
6. Qxb6+	Kxa8
7. Qxc6+	★1Kb8
8. Bd6+	Rc7

9. Qxc7+	Ka8
10. Qb8 #	

★ 1

7. Qxc6+	Rb7
8. Qc8+	Rb8
9. Qa6 #	

黑先：

1. …	Qh4+
2. Kf3	Qxg4
3. Kf2	Qxd4+
4. Ke1	Re7+
5. Ne6	Rxe6+
6. Be3	Rxe3+
7. Kf2	Qh4+
8. Kg1	Rh3+
9. Qe3	Rh1 #

099 劳动节二

白先：

1. Na6+	Kc8
2. Rb8+	Kd7
3. Ba4+	Nc6
4. Bxc6+	Ke7
5. Qh4+	Qf6
6. Rb7+	Kd8
7. Ne6+	Kc8
8. Rc7 #	

黑先：

1. ⋯	Qh5+
2. ★[1] Qg4	Qh1+
3. Kg3	Qxg1+
4. Kh4	Qh2+
5. Qh3	Qxh3+
6. Kg5	Qg3+
7. Rg4	Qxe3+
8. Rf4	Qxf4+
9. Kh5	Qg5 #

★[1]

2. Rg4	Rxe3+
3. Kf2	Qxf5+
4. Nxf5	Re2+
5. Kf3	Rxd3+
6. Ne3	Rdxe3 #

（3）儿童节

100 儿童节

白先：

1. Bf4+　　　　　Kxg6
2. Qe4+　　　　　Qf5
3. Qe8+　　　　　Rf7
4. Qg8+　　　　　Rg7
5. Rg6 #

黑先：

1. …　　　　　　Nxd2+
2. Ka1　　　　　Qa4+
3. Na2　　　　　Nb3+
4. Kb1　　　　　Nc3+
5. bxc3　　　　　Nd2+
6. Ka1　　　　　Qd1+
7. Nc1　　　　　Qxc1+
8. Ka2　　　　　Qb1+
9. Ka3　　　　　Qa1 #

（4）建军节

101 建军节

白先：

1. Rxd6+	cxd6
2. Qxb7+	★¹Ke6
3. Nf8+	Ke5
4. Qxb5+	d5
5. Qb8+	Kd4
6. Ne6+	Kxd3
7. Nf2 #	

★¹

2. ⋯	Ke8
3. Qc8+	Kf7
4. Qd7+	Kg8
5. Qe8+	Kh7
6. Qh8 #	

黑先：

1. ⋯	Rxc1+

2. Bxc1	Be2+
3. Ke1	Qxc1+
4. Kf2	Nxh1#

（5）国庆节

102 国庆节

白先：

1. Rxe5+	★¹Nd6
2. Bxd6+	cxd6
3. Nd5+	Ke8
4. Qc8+	Bd8
5. N7f6+	Kf8
6. Qxd8+	Kg7
7. Rxa7#	

★1

1.…	Kd8
2. Be7+	Ke8
3. Qc8+	Kxe7

4. Bxc4+	Kd6
5. Re6 #	

黑先：

1. ⋯	Qf4+
2. ★[1]Kh1	Bf3+
3. exf3	Qxf3+
4. Kg1	Qg3+
5. Kf1	Nxd2+
6. Ke2	Rxe3+
7. Kd1	Re1 #

★[1]

2. Kg1	Qg3+
3. Kh1	Bf3+
4. exf3	Qe1+
5. Nf1	Qxf1+
6. Kh2	Qg2 #

（6）生日快乐

103 生

白先：

1. Qg8+　　　　Kd7

2. Nxe5+　　　Kxe7

3. Qf7+　　　　Kd8

4. Nc6+　　　　Kc8

5. Qf8+　　　　Kd7

6. Nb8+　　　　Ke6

7. Rc6+　　　　Ke5

8. d4 #

黑先：

1. ···　　　　　Rxd1+

2. Kxd1　　　　Qxf1+

3. Kc2　　　　 Qxe2+

4. Kb3　　　　 Qb2+

5. Kc4　　　　 Nb6+

6. Kd4　　　　 c2+

7. Rc3　　　　 Rd5 #

104 日

白先：

1. Qh5+!	Kf8
2. Qh8+	Kf7
3. Ng5+	Kg6
4. Rxf6+	Qxf6
5. Qh7+	Kxg5
6. Bxf6+	exf6
7. Rf5+	Kg4
8. Qg6+	Kh4
9. Rh5 #	

黑先：

1. …	Ba5+
2. Kb2	Rb1+
3. Ka3	Bb4+
4. Ka2	Bxc4+
5. Nb3	Qa4 #

105 快

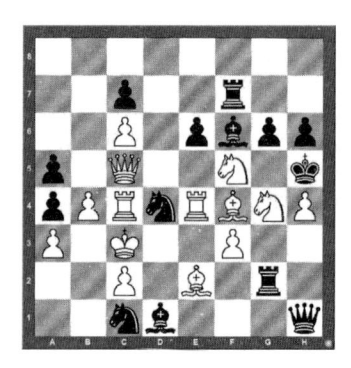

白先：

1. Nxf6+	Rxf6
2. Ng3+	Kxh4
3. Bxc7+	★¹Rf4
4. Rxf4+	Kxg3
5. Rfxd4+	Kf2
6. Rh4+	Ke1
7. Rxh1+	Rg1
8. Bg3+	Kxe2
9. Qf2 #	

★¹

3. …	Kh3
4. Rh4+	Kxh4
5. Qxd4+	Rf4
6. Qxf4+	Kh3
7. Qxh6 #	

黑先：

1. …	Ndxe2+
2. Kd2	Nd4+
3. Nf2	Rxf2+
4. Kxc1	Bxc2+
5. Kb2	Qb1+
6. Kc3	Nb5 #

106 乐

白先：

1. Qxe6+	★¹Kf8
2. Nxd7+	Rxd7
3. Qf6+	Ke8
4. Qg6+	Kd8
5. Qg8+	Ke7
6. Qf7+	Kd8
7. Qf8 #	

★¹

1. ⋯	Kd8
2. Nxf7+	Kc8
3. Qe8+	Rd8
4. Qxd8 #	

黑先：

1. ⋯	Qh1+
2. Kf2	Nxd1+
3. Kxg3	Bxe5+
4. Bf4	Bxf4+

5. Kxf4　　　　Qh2 #

2. 阴历年

阴历也称农历，以月亮绕地球一周的时间为一月，（29.53059天），一年12个月，每年第一天也就是大年初一称为春节。

当这一天来临时，家家团聚，张灯结彩，喜气洋洋，载歌载舞，锣鼓喧天，人们尽情享受这美好幸福的日子和大家庭的温暖。

107 新年好

迎春

微风吹薄雾，

山河露晓霞。

天地吐春日，

爆竹迎万家。

白先：

1. Rxb7+	Bxb7
2. Qxd7+	Kb8
3. Qd8+	Bc8
4. Rb2+	Rb3
5. Rxb3+	Ka8
6. Qxc8 #	

黑先：

1. ⋯	Qh1+
2. Nxh1	Nf3+
3. Kd1	Rg1+
4. Re1	Rxe1+
5. Nxe1	Rc1+
6. Ke2	Rxe1 #

108 端午节

白先：

1. Ba5+	★[1] Ka6
2. Nxc7++	Ka7

3. Qb6+	Kb8
4. Na6+	Ka8
5. Qd8+	Ka7
6. Bd6 #	

★1

1. ⋯	Kxa5
2. Qa3+	Kb6
3. Qa7+	Kc6
4. Nbxd4 #	

黑先：

1. ⋯	Rf4+
2. ★1 Kg3	Rg4+
3. Kxg4	Bf3+
4. Kh4	Rxh5 #

★1

2. Rg4	Rxg4+
3. Kxg4	Nf2+
4. Kh4	Qxh2 #

109 重阳节

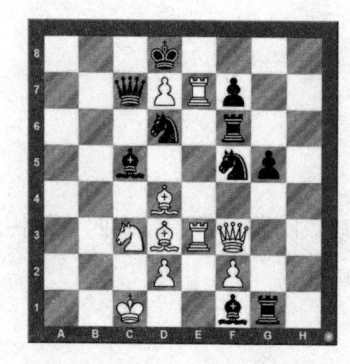

白先：

1. Qa8+   Nc8
2. dxc8Q   Qxc8
3. Re8+   Kc7
4. Rxc8+   Kd7
5. Qb7+   Kd6
6. Bxc5 #

黑先：

1. ⋯   Ba3+
2. ★[1]Kb1   Bxd3++
3. Ka2   Bc4+
4. Kxa3   Qa5+
5. Kb2   Qa1+
6. Kc2   Nxd4 #

★[1]

2. Kc2   Nxd4+
3. Kb1   Bxd3++
4. Ka2   Qc4+
5. Kxa3   Qb3 #

3. 消息图

一年十二月之象，冷暖增减，阴阳消长，二十四节气传递信息（一阳复，二阳临，三阳开泰）。

第七章 新年好

```
         四月       五月
      三月  ☰     ☰   六月
   二月  ☰  乾    姤  ☱
      ☱    夬        遁
      大壮              ☷
  正月 ☷  泰    ☆    否 ☷ 七月
      临                观
   十二月 ☷         ☷ 剥  八月
         复    坤
        十一月  十月   九月
```

正月初一是春节，这是中国传统佳节，华夏普天同庆，共祝国泰民安。三阳开泰，五福临门，呈现大地回春、欣欣向荣的新气象。

110 消息图 16-1

白先和：

1. g7+   Nxg7
2. Nf7+!   Kg8

3. Bc5! f1Q

4. Nh6+ Kh8

5. Bd6!! Qa6+

6. Kb2 Qb5+

7. Ka2 Ne6

8. Be5+ Ng7

9. Bd6 =

局面和棋

（格·萨霍佳金，1930年俄罗斯排局创作家。）

111 消息图 16-2

白先和：

1. Qf8!

　　[1. g4? g5+!

　　2. Qxg5+ Qxg5+

　　3. Kxg5 hxg4]

1. … Kf6

2. Qh8 Kf5

3. g4! hxg4

4. Rd5! exd5

5. Qc8+!! Qxc8

1/2∶1/2

（Lazdin—zemitis，Riga 1996）

112 消息图 16-3

白先胜：

1. b6+ Ka8

2. Re1 Nxe1

3. g7 h1Q

4. g8Q+ Bb8

5. a7 Nc6+

6. dxc6 Qh5+

7. Qg5 Qxg5+

8. Ka6 Bxa7

9. c7+-

（L·米特罗丸诺夫，1967）

4. 三阳开泰 *

> 天地人（三才）
>
> 人喜地，地随天，天地造山川，
>
> 山川养草木，草木融人间。
>
> 一阳复，二阳临，三阳开泰。

113 消息图 16-4

白先和：

1. d6   Bxd6
2. b8Q+   Bxb8
3. c7   Kxc7 =

（柳贝塞曼）

114 消息图 16-5

白先和：

1. Ke4　　　　Kc4
2. Kf5　　　　Kxd5
3. Kg6　　　　Ke6
4. f7　　　　　Bxf7
5. Kh7 =

（T·高尔基耶夫，1928）

115 消息图 16-6

白先和：

1. d6　　　　　Nb5
2. dxe7　　　　Ke5

3. e8N	Bh8
4. h7	a3
5. Kg8	Kxe6
6. Kxh8	Kf7
7. Nd6+	Kf8
8. Nxb5	a2
9. Nd4	a1R
10. Ne6+	Kf7
11. Nd8+	Kg6
12. Kg8	Ra8
13. h8N+=	

（A·卡赞茨耶夫，1978）

116 消息图 16-7

白先和：

1. Kb6	Kb8
2. a7+	Ka8
3. e5	h3
4. e6	Nf4

5. Kc5	Nxd5
6. Kxd5	h2
7. e7	h1Q
8. Kd6	Qe4
9. Kd7	Qd4+
10. Kc8	Qc5+
11. Kd8	Qd6+
12. Kc8	Qc5
13. Kd8	Kb7
14. a8Q+	Kxa8
15. e8Q =	

（R·切霍弗，1961）

117 消息图 16-8

白先和：

1. b5	Rb4
2. Ke7	Rxb5
3. Kd6	Rf5
4. Kc7	Rf7+

5. Kb8	Kf3
6. Ka7	Ke4
7. a6	Kd5
8. axb7	Kc6
9. Ka8 =	

（L·库珀尔，1935）

118 消息图 16-9

白先和：

1. c5	Re4
2. c6	Rc4
3. e4	Rxe4
4. c7	Rc4
[4. …	Re8
5. Kd4	Rc8
6. Kd5	Rxc7
7. e4]	
5. e4	Rxc7
6. exd5 =	

（E·阿萨巴，1974）

5. 否极泰来 *

冷到了尽头，暖就来了，物极必反。

泰、否是六十四卦的卦名，十一是泰，十二是否。

泰是暖的，向上、阳光；否是冷的，向下、阴暗。

119 消息图 16-10

白先和：

1. Bh7	Kxd5
2. Bf5	h2
3. Bc8	Kc6
4. Bg4	h1Q
5. Bf3+	Qxf3

（A·拉尔森）

120 消息图 16-11

白先和：

1. Kxa7　　　　g3
2. Be4　　　　b5
3. Kb6　　　　b4
4. Kc5　　　　b3
5. Kd4　　　　b2
6. Ke3　　　　g2
7. Kf2 =

（L·波波夫，1989）

121 消息图 16-12

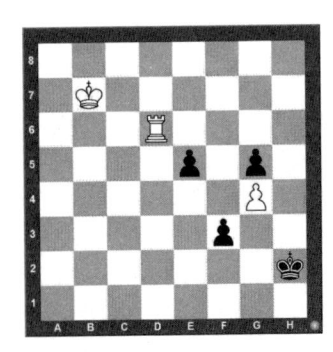

白先和：

1. Kc6　　　　　e4
2. Kd5　　　　　e3
3. Ke4　　　　　e2
4. Kxf3　　　　　e1Q
5. Rh6+　　　　Kg1
6. Rh1+　　　　Kxh1=

（V·普拉托夫，1925）

122 消息图 16-13

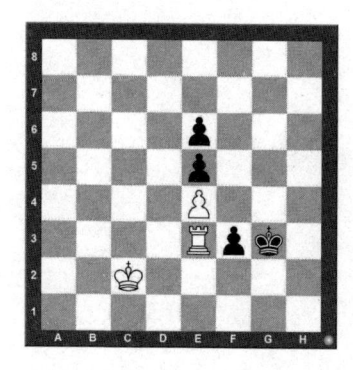

白先和：

1. Rd3　　　　　Kg2
2. Rd2+　　　　f2
3. Kd3　　　　　Kg1
4. Rd1+　　　　f1Q+
5. Ke3　　　　　Kg2
6. Rxf1　　　　　Kxf1
7. Kf3 =

（D·佩克弗，1957）

123 消息图 16-14

白先和：

1. Nc7	b1Q
2. Nb5+	Kd3
3. Rf3+	Kd2
4. Rf2+	Ke1
5. Re2+	Kf1
6. Rf2+	Kg1
7. Rg2+=	

（H·林克，1907）

124 消息图 16-15

白先和：

1. Kd6	Kc8
2. Rc1+	Kb7
3. Rb1+	Ka6
4. Kc6	Ka5
5. Kc5	Ka4
6. Kc4	Ka3
7. Kc3	Ka2
8. Rf1	h5
9. Kd3	h4
10. Ke3	h3
11. Kf3	g2
12. Rxf2+=	

（阿鲁雷德—优罗希洛夫格勒，1955）

125 消息图 16-16

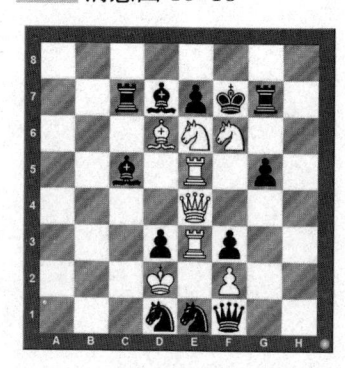

否极泰来

三阳开泰气轩昂，
否极泰来存锋芒。
深思熟虑盘里转，
明察暗访看柔刚。

白先：

1. Nxg5+	★[1]Kxf6
2. Nh7+	★[2]Rxh7
3. Qf4+	Bf5
4. Rxf5+	Kg7
5. Rg5+	Kh8
6. Qf8 #	

★[1]

1. …	Kf8
2. Nxd7+	Ke8
3. Rxe7	Kd8
4. Qa8+	Rc8
5. Ne6 #	

★[2]

2. …	Kf7
3. Re7+	Kg8
4. Nf6+	Kh8
5. Qh4+	Rh7
6. Rxh7 #	

黑先：

1. ⋯   Bb4+
2. ★ ¹Bxb4   Qxf2+
3. Re2   Rc2+
4. Kxd1   fxe2+
5. Qxe2   dxe2+
6. Rxe2   Qxe2 #

　★ ¹
2. Kxd2   Ba4 #

第八章

节气时辰图

1. 二十四节气歌

> 春雨惊春清谷天,
> 夏满芒夏暑相连。
> 秋处露秋寒霜降,
> 冬雪雪冬小大寒。

2. 节气图

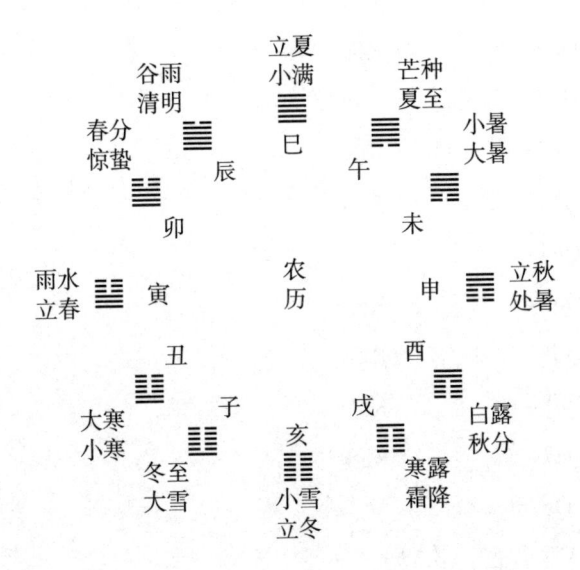

```
            立夏        芒种
      谷雨  小满        夏至
      清明                    小暑
   春分                       大暑
   惊蛰   辰       巳
              卯              未
                                    立秋
   雨水  寅       农           申   处暑
   立春           历
              丑              酉
                  子              白露
   大寒           亥       戌   秋分
   小寒  冬至        小雪      寒露
         大雪      立冬       霜降
```

农历（阴历）十一月冬至，一阳生，最长的夜晚开始变短，最短的白天开始变长。农历五月夏至，一阴生，最长的白天开始变短，最短的夜晚开始变长。

126 冬至一阳生

白先胜：

1. Qa2+	Kf8
2. Qa3+	Kg8
3. Qb3+	Kf8
4. Qb4+	Kg8
5. Qc4+	Kf8
6. Qc5+	Kg8
7. Qd5+	Kf8
8. Qd8+	Kf7
9. Qe7+	Kg8
10. Qg7 #	

（V·邦尼，1837）

127 夏至一阴生

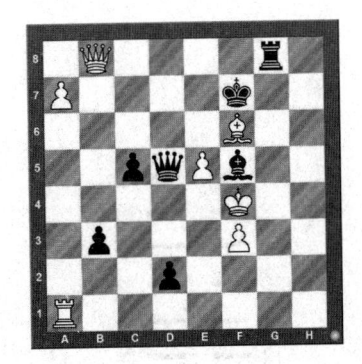

黑先胜:

1. ⋯	Rg4+
2. fxg4	Qe4+
3. Kg3	Qxg4+
4. Kf2	Qf4+
5. Kg2	Be4+
6. Kh3	Qf3+
7. Kh4	Qf2+
8. Kg4	Bf3+
9. Kf4	Be2+
10. Kg5	Qg3+
11. Kf5	Bd3 #

(富德雷尔,一帕赫曼,哥德堡,1955)

3. 时辰图

```
      乾                        坤
 6 ──────  兵         7 ── ──  王
 5 ──────  马         8 ── ──  后
 4 ──────  象         9 ── ──  車
 3 ──────  車        10 ── ──  象
 2 ──────  后        11 ── ──  马
 1 ──────  王        12 ── ──  兵
      昼                        夜
```

农历二月春分、八月秋分时，白昼六个时辰，夜晚六个时辰（一个时辰等于两个小时），昼夜时辰均等。

128 春分

柳岸丝绿迟，

水暖鸭先知。

白昼平晚夜，

顺走乾坤时。

黑先和：

1. ···	Rc1
2. Bd1	Rxd1+
3. Qxd1	Qxe4
4. Qb3	Qg6
5. g3	Bd4
6. Kg2	Bf6
7. Qe6	Kh7
8. Rf4	Nh6
9. Qe4	Qxe4
10. Rxe4	Nf7
11. Rf4	Ne5
12. Kh3	Kg6
13. g4	Nf7
14. Rf5	Nd6
15. Rd5	Be7
16. Kg3	Kf6
17. Kf4	Nf7
18. Rb5	Ke6
19. Rb1	g5
20. Ke4	Bf6 =

和棋

129 秋分

青山枝叶秀，

溪间淌清流。

夜晚推白昼，

替换覃九州。

白先和：

1. Nh6+	Kh8
2. ★ ¹Bxf6	Qd1+
3. Kg2	Rxf2+
4. Kxf2	Qxh1
5. Bd4	Qh2+
6. Ke3	Qh3+
7. Ke4	Qh1+
8. Kd3	Qf1+
9. Kc3	Qa1+
10. Kc4	Qa6+
11. Kd5	Qa8+

12. Ke6　　　　Qe8+
13. Kf5　　　　Qc8+
14. Kf4　　　　Qc1+=
和棋

★1

2. Ng4　　　　Nh7
3. Ne5　　　　Rh3
4. Nxd7　　　Rxh1+
5. Qg1　　　　Rxg1+
6. Kxg1　　　Be7 =
和棋

第九章

中国结

中国结造型优美，色彩多样，内涵丰富，变化细腻。既能表达美好意愿，增添喜庆气氛，又能代表团结幸福、吉祥如意，更符合中国传统装饰的习俗和审美观念，故名中国结。

1. 梅花结

待到山花烂漫时,她在丛中笑。

130 梅花结一

白先:

1. Rh1+	Nh2
2. Nf5+	★¹Kh5
3. Rxh2+	Kg6
4. Rh6+	Kf7
5. Rh7+	Kg8
6. Nxe7+	Kxh7
7. Rh3 #	

★¹

| 2. ⋯ | Kg4 |
| 3. Rg1+ | Kh5 |

4. Nf4+	gxf4
5. Rh3 #	

黑先：

1. ···	Nce5+
2. Rc4	Qxc4
3. Nd4	Qxd4
4. Kf5	Ne3+
5. Ke6	Qg4+
6. Nf5	Qxf5+
7. Kxe7	Qd7+
8. Kf8	Qf7 #

131 梅花结二

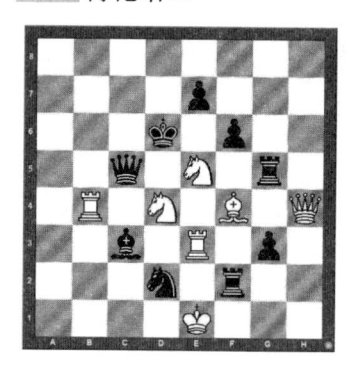

白先：

1. Nf7++	★¹Kd7
2. Rb7+	Ke8
3. Qh8+	Kxf7
4. Rbxe7+	Qxe7
5. Qh7+	Rg7

6. Rxe7+	Kxe7
7. Qxg7+	Ke8
8. Qg8+	Kd7
9. Qe6+	Kd8
10. Nc6 #	

★1

1. ⋯	Kd5
2. Qxg5+	e5
3. Qxe5+	fxe5
4. Rxe5 #	

黑先：

1. ⋯	Nf3++
2. Kd1	Rd2+
3. Kc1	Bb2+
4. Kb1	Qc1+
5. Ka2	Bxd4
6. Kb3	Qc2+
7. Ka3	Qa2 #

132 梅花结三

白先：

1. Nb7+　　　　Rxb7
2. Qc6+　　　　Ke7
3. Rxb7+　　　 Kf8
4. Qc8+　　　　Qe8
5. Bh6+　　　　Kg8
6. Qxe8 #

黑先：

1. …　　　　　Rg1+
2. Kf3　　　　 d1Q+
3. Ne2　　　　 Rg3+
4. Kxg3　　　　Nf5+
5. Kg2　　　　 Qh1+
6. Kxf2　　　　Qxe2 #

2. 交丝结

> 交丝龙结凤，
> 镂彩云连霞。
> 同心一寸缕，
> 长年百岁花。

133 交丝结一

白先：

1. Kd3+   ★¹Nce2
2. Rxe2+   Nxe2
3. Nf3+   Kf5
4. Qg5 #

★1

1. ⋯   Kf5
2. Qh3+   Kxf4
3. Bg3 #

黑先：

1. ⋯   Kf5+
2. Nfe6   Rfxe6+
3. Nxe6   Rxe6+
4. Qe5+   Rxe5+
5. Kd3   Qb5+
6. Kxd4   Bc5 #

134 交丝结二

白先：

1. Qa6+	Kc5
2. b4+	★¹Kxb4
3. Qa3+	Kxc4
4. Nb2+	Kxb5
5. Rb3+	Kc6
6. Qa6+	Kc7
7. Qb6+	Kc8
8. Qb8 #	

★1

2. ⋯	Kxc4
3. Nd6++	Kxb4
4. Qa3 #	

黑先：

1. ⋯	exd3+
2. Kf1	Nfh2+
3. Ke1	d2+
4. Ke2	Qf1 #

3. 平安结

笑口常开，祥和福来。

135 平安结一

白先：

1. Na3+   Kb4
2. Nb1+   Kxa4
3. Bxb3+   Kxb3
4. Qd1+   Kb4
5. Rb2+   Ka5
6. Nc4 #

黑先：

1. ⋯   Nfe2+
2. ★¹Ke3   Rxe4+
3. Kd2   Rxd4+

4. Nxd4	Qd3 #

★ 1

2. Kg2	Qh3+
3. Kf3	Nxe4+
4. Kxe2	Qd3 #

136 平安结二

白先：

1. Qh1+	f3
2. Qxf3+	Rxf3
3. Bxf3+	e4
4. Bxe4+	Ke5
5. Bf4 #	

黑先：

1. ⋯	Nb2+
2. Ke2	Qxb5+
3. axb5	Bxb5+
4. Rc4	Bxc4 #

137 平安结三

白先：

1. Ng2+	*[1]Kf3
2. Nxh4+	Kf4
3. Nh5+	Kg4
4. Be2+	Nf3
5. Bxf3+	Kg5
6. Be3+	Bf4
7. Bxf4+	Kxh4
8. Rh1 #	

*[1]

1. ⋯	Ng4
2. Bf5+	Kf3
3. Nxh4+	Kf4
4. Nh5 #	

黑先：

1. ⋯	Rd4+
2. Kc5	Ne6+

3. Kb6　　　　　Bc7+

4. Ka6　　　　　Nc5 #

138 平安结四

白先：

1. Re6++　　　　Kc7

2. Qa5+　　　　Bb6

3. Qxb6+　　　　Kc8

4. Qb7+　　　　Kd8

5. Qb8 #

黑先：

1. ⋯　　　　　Rxf3+

2. Kh2　　　　　Rxf2+

3. ★[1]Kh3　　　Qf5+

4. Rg4　　　　　Rf3+

5. Qxf3　　　　Qxf3+

6. Rg3　　　　　g4+

7. Kxh4　　　　Rh7+

8. Kg5　　　　　Be7+

9. Kg6　　　　　Qf7 #

★1

3. Kh1　　　　　Rf1+

4. Kh2　　　　　Rh1+

5. Kg3　　　　　Rg1+

6. Kh2　　　　　Rg2+

7. Kh3　　　　　Qf5+

8. Rg4　　　　　Qxg4 #

4. 团锦结

方圆叠加，锦上添花。

139 团锦结一

1. Nd5+　　　　Kf5

2. Bd3+　　　　★¹Ke6

3. Rxe5+ Kd6
4. Bxd7 #

★1

2. ⋯ Nxd3
3. Nxe7+ Kf4
4. Re4 #

黑先：

1. ⋯ Rd6+
2. Kc5 Rd5++
3. ★1Kb6 Qd6+
4. Kb7 Qc6+
5. Ka7 Qc7+
6. Ka8 Bc6 #

★1

3. Kxd5 Bc6+
4. Kd4 Qd6+
5. Nd5 Qxd5 #

140 团锦结二

白先：

1. dxe4++   *[1] Ke6
2. Ngf4+   Ke5
3. Nd3+   Ke6
4. Nc5+   Ke5
5. Bg3+   Qxg3
6. Qxg3+   Kf6
7. e5+   Rxe5
8. Qg5 #

*[1]

1. ⋯   Ke5
2. Bg3+   Qxg3
3. Qxg3+   Kf6
4. e5+   Rxe5
5. Qg5+   Ke6
6. Ngf4 #

黑先：

1. ⋯   Nd4+
2. *[1] Ke3   Nxc2+
3. Ke2   Bg4+
4. Qxg4   Qxg4+
5. Rf3   Qxf3 #

*[1]

2. Kf4   Bg4+
3. Qf6   Rxf6+
4. Ke3   Nxc2#

141 团锦结三

白先：

1. Nxe5+	★[1]Ke6
2. Bf5+	Kxf5
3. e4+	Ke6
4. exd5+	★[2]Kf5
5. g4+	Rxg4
6. hxg4+	Kf6
7. Nxd7+	Kg6
8. Nf8+	Kh6
9. Qh8 #	

★[1]

1. …	Qxc2
2. g4+	Rxg4
3. hxg4+	Kf6
4. Nxd7+	Kg6
5. Nf8+	Kh6
6. Qh8 #	

★2

4. ···	Qxd5+
5. Qxd5+	Kf5
6. Qxf7+	Nf6
7. g4+	Rxg4
8. hxg4+	Ke5
9. Bc3 #	

黑先：

1. ···	Nxe3+
2. ★¹Ke2	Rxg2+
3. Nxg2	Ng3+
4. Ke1	Nxc2+
5. Kf2	Re2+
6. Kg1	Rxg2 #

★1

2. Kf2	Rxg2+
3. Nxg2	Qxg2+
4. Ke1	Nxc2 #

第十章

龙马精神

传说伏羲氏时，有龙马从黄河出现，背负"河图"，有神龟从洛水出现，背负"洛书"。

2014年11月11日，河图洛书传说经国务院批准列入第四批国家级非物质文化遗产名录。

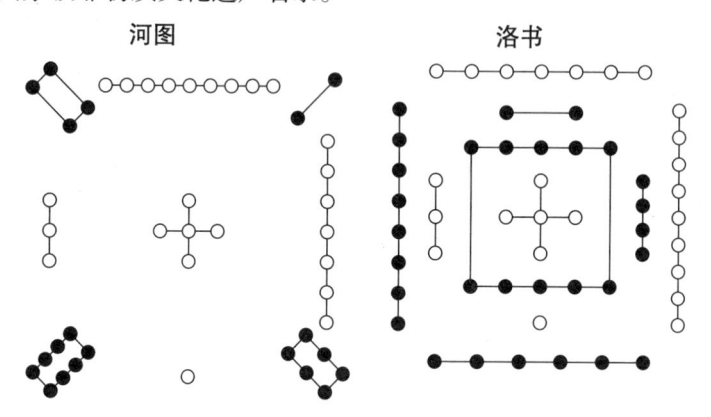

河图　　　　　　　　洛书

1. 龙、马、神龟

（1）龙

142 龙

白先：

1. Nexc5+	Be5
2. Rxe5	*[1] Qxe5
3. Qxe5+	Ne6
4. Qxf6+	Kd6
5. Qxe6+	Kc7
6. Qb6+	Kc8
7. Qb8 #	

*[1]

2. …	Ne6
3. Rxe6+	Kd8
4. Qxf6+	Kc8

5. Qh8+	Be8
6. Qxe8+	Qd8
7. Rc6 #	

黑先：

1. ...	Rxc2+
2. Kxa1	Rc1+
3. Bxc1	Qxc1+
4. Ka2	Bf7+
5. Qd5	Bxd5 #

（2）马

143 马

白先：

1. Nxe5+	Kxb7
2. Bxc8+	★[1]Kb8
3. bxa7+	Ka8
4. Bb7+	Kxb7
5. a8Q #	

★1

2. ···	Kxc8
3. Rf8+	Kb7
4. Rxa7 #	

黑先：

1. ···	Qd2+
2. Kb1	Qe1+
3. Kb2	Qxc3+
4. Kc1	Qd2+
5. Kb1	Rb3+
6. cxb3	Bd3+
7. Ka1	Qc1+
8. Ka2	Bb1+
9. Ka1	Bc2+
10. Ka2	Qb1+
11. Ka3	Qxb3 #

（3）神龟

144 神龟一

白先：

1. Ng3+   Kxf3
2. Qd1+   Ne2
3. Qxe2 #

黑先：

1. ⋯   Ndxf3+
2. Kd1   Bd3+
3. Qc2   Bxc2+
4. Kc1   Nxd3 #

145 神龟二

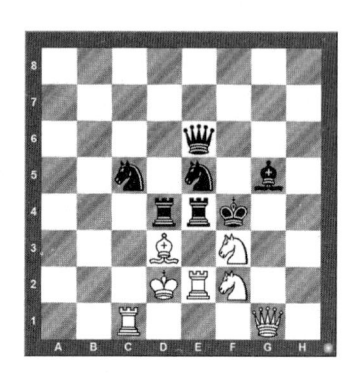

白先：

1. Qxg5+   Kxf3
2. Re3+   Rxe3
3. Qxe3+   Kg2
4. Rg1+   Kh2
5. Qg3 #

黑先：

1. ⋯	Nxf3+
2. Kd1	Qb3+
3. Rcc2	Qb1+
4. Rc1	Rxd3+
5. Nxd3+	Qxd3+
6. Rd2	Qxd2#

2. 王、后、兵、马

运筹帷幄立军营，
翻山越岭屡建功。
前军未行粮草动，
王后兵马展雄风。

146 王

白先：

1. Qf5+	Ke8
2. Ra8+	Bd8
3. Nxd6+	Qxd6
4. Bb5+	Ke7
5. Qg5+	Qf6
6. d6+	Kf8
7. Rxd8+	Qxd8
8. Qh6 #	

黑先：

1. …	Bh5+
2. Be2	Nxe2+
3. Rxb1	Nxg1+
4. Kc1	Nd3+
5. Kc2	Qxc4 #

147 后

白先：

1. Qb7+	Kd6
2. Qxb6+	★¹Nc6
3. Qc5+	Kc7
4. Ra7+	Kc8
5. Re8+	Qxe8
6. Ra8+	Kc7
7. Bg3+	Rd6
8. Nd5+	Kb7
9. Qb6+	Kxa8
10. Nc7 #	

★1

2. …	Qc6
3. Qb8+	Qc7
4. Ra6+	Kd7
5. Rxe7+	Kxe7
6. Qxc7+	Kf8
7. Qb8+	Kg7
8. Nf5+	Kh7
9. Rh6 #	

黑先：

1. …	Ne4+
2. Ke2	Rxf2+
3. Kxd3	Rd2+
4. Kc4	Rd4+
5. Qxd4	Qxd4 #

148 兵

白先：

1. Qg6+	Rf7
2. Qg8+	Rf8
3. d7+	Qxd7
4. Nxf6+	Ke7
5. Nf5+	Kxf6
6. Qxf8+	Qf7
7. Qh8+	Kg6
8. Qh6 #	

黑先：

1. ⋯	Bxe5+
2. ★¹Ke3	Qg5+
3. f4	Bxf4+
4. Kf2	Nh3+
5. Kf3	Nd2+
6. Kg2	Qxg4+
7. Kh1	Nf2 #

★1

2. Kxe5 Qg5+
3. Nf5 Nf3+
4. Qxf3 Rxf5+
5. Kd4 Rf4+
6. Qe4 Qd5+
7. Ke3 Qxe4 #

149 马

白先：

1. Ne8+ Qxe8
2. Qh4+ Ke6
3. exf5+ Nxf5
4. Bxf5+ Kxf5
5. Bxd2+ Bf3
6. Rxf3 Bf4
7. Rxf4+ Kg6
8. Kf1 #

黑先:

1. ···	Qxe4+
2. Kh3	Bxg4+
3. Kh4	Rh2+
4. Qxh2	Rxh2+
5. Bxh2	Nf3+
6. Rxf3	Bxf3+
7. Kh3	Bg4+
8. Kh4	Be2+
9. Kh3	Bf1+
10. Rxf1	Qg4 #

3. 画龙点睛

(1) 瓜熟蒂落

150 瓜熟

白先：

1. N4xd5+	Kd6
2. Qxf4+	Re5
3. Rg6+	fxg6
4. Qf8+	Re7
5. Qxe7 #	

黑先：

1. …	Rxd3++
2. Ke1	Rxd1+
3. Kxf2	Rf1 #

151 蒂落

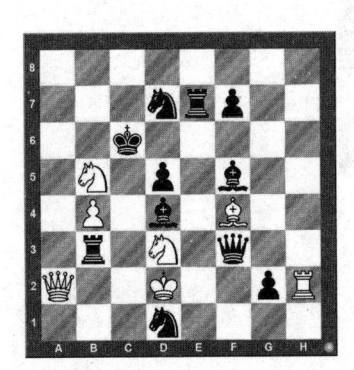

白先：

1. Qa6+	Nb6
2. Nxd4+	Kd7
3. Qb7+	Kd8
4. Rh8	Re8
5. Qb7 #	

黑先：

1. …	Qxd3+
2. Kc1	Rb1+
3. Qxb1	Qxb1+
4. Kd1	Qc2 #

（2）画龙点睛

152 画龙点睛

白先：

1. Nxd6+	Kxc7
2. Nxd5+	Rxd5
3. Qxb7+	Kd8
4. Nf7 #	

黑先：

1. …	Nf3+
2. Nxh5	Rd1+
3. Re1	Rxe1+
4. Bxe1	Qh2 #

（3）节外生枝

153 节外生枝

白先：

1. Re8+   Kxe8
2. Nxd6+   *¹ Bxd6
3. c8Q+   Ke7
4. Rxf7+   Rxf7
5. Qg5+   Rf6
6. Qg7+   Rf7
7. Qxf7 #

　*1
　2. ⋯   Ke7
　3. c8N+   Kd8
　4. Ba5 #

黑先：

1. ⋯   Rxe1+
2. Kd2   Qxd4+
3. Kc2   Nxe3+

4. ★[1]Kb1	Qxc4+
5. Kxa3	Qxd2+
6. Kb4	Nd5+
7. Kb5	Rb1 #

★1

4. Nxe3	Qb2+
5. Kd3	Rxe3 #

（4）井井有条

154 井井有条

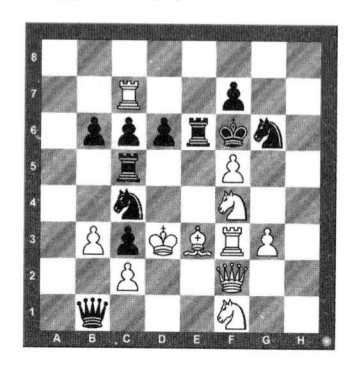

白先：

1. Nh5+	Ke5
2. Bd4+	Kd5
3. bxc4+	Rxc4
4. Nf6+	Rxf6
5. Ne3 #	

黑先：

1. ⋯	Qd1+

2. ★[1]Bd2	Nxf4+
3. Rxf4	Ne5+
4. Ke3	Ng4++
5. ★[2]Kd3	Nxf2+
6. Kd4	Rd5+
7. Kc4	Qxf1+
8. Kxc3	Qa1+
9. Kb4	Rb5+
10. Kc4	d5 #

★1

①

2. Kxc3	Qa1+
3. Kd3	Nb2+
4. Kd4	Qa4+
5. c4	Rxc4+
6. bxc4	Qxc4 #

②

2. Nd2	Nxf4+
3. ★★[1]Bxf4	Nb2+
4. Kd4	Re4+
5. Kxe4	Qc2+
6. Kd4	Rd5+
7. Ke3	Qd3 #

★★1

3. Rxf4	Ne5+
4. Kd4	Rd5+

| 5. Kc3 | Qa1+ |
| 6. Kb4 | Qa5 # |

★ 2

5. Kd4	Rd5+
6. Kc4	Ne5+
7. Kxc3	Qa1+
8. Kb4	Rb5 #

4. 田、由、甲、申

四条大川川对川，
四座大山山抱山。
四个日头循环坐，
四个嘴巴紧相连。

155 田

白先：

1. Qh4+   Kg7
2. Nxe6+   Bxe6
3. Qh6+   Kg8
4. Qxe6+   Kg7
5. Qh6+   Kg8
6. Qg6+   Kh8
7. Nf7 #

黑先：

1. …   Na3++
2. Kd1   Bb3+
3. Rxb3   Rxd2+
4. Kxd2   Qc2+
5. Ke3   Qc1 #

156 由

白先：

1. c4+   Kc6

2. Be4+	Qxe4
3. Qxe4+	Kb6
4. Bxc5+	dxc5
5. Qg6+	d6
6. Qxd6+	Kb7
7. Nxc5+	Kc8
8. Na7 #	

黑先：

1. ···	fxe3+
2. Rxe3	bxc1Q+
3. Nxc1	Bxe3+
4. Ke1	Qg3+
5. Kxf1	Qg1+
6. Ke2	Qg2+
7. Ke1	Bd2+
8. Kxd1	Rxc1 #

157 甲

白先：

1. Qxb4+	c5

2. Rxe6+   fxe6

3. Rxd5+   Kxd5

4. Bxe6+   Ke5+

5. Nbd7+   Bxd7

6. Qxc5 #

黑先：

1. …   Qf3+

2. Re3   Qxe3+

3. Kc2   Rc1+

4. Kb2   Qa3 #

158 申

白先：

1. Qxf3+   *[1]Ne4

2. Bxe4+   Ke6

3. Bd5+   Qxd5

4. Qg4+   Kd6

5. c8N+   Kc5

6. Bxb6 #

★1

1.···	Re4
2. Bxe4+	Ke6
3. Bd5+	Kf5
4. Qh5+	Kxf4
5. Rf3 #	

黑先：

1.···	Rxe3+
2. dxe3	Qxc3+
3. Ke2	Qxe3+
4. Kf1	Qg1+
5. Ke2	Qg2+
6. Kd3	Ne1+
7. Qxe1	Qc2 #

5. 六六吉祥、九九安康

（1）六六吉祥

159 六六

白先：

1. Re6+	Kxe6
2. Nxc7+	Kf5
3. Bxe4+	Kxg5
4. Qxg7+	Bg6
5. Qxg6#	

黑先：

1. …Nf5+	
2. Kg4	Qg3+
3. Kxf5	Qxg5+
4. Kxe4	Bg6+
5. Rxg6	Qxg6+
6. Kf4	Qh6+
7. Kf5	Rg5+
8. Ke4	Qg6+
9. Kf4	Qf5#

160 66

白先：

1. Qf3+	gxf3
2. gxf3+	Kxe5
3. exf4+	Rxf4
4. Bxf4+	★[1]Kxf4
5. Ng2+	Ke5
6. f4+	Ke4
7. Rgxe6+	Qxe6
8. Rxe6+	Kf5
9. Nce3+	Kxe6
10. g8=Q+	Kd6
11. Nf5+	Kc6
12. Be4+	Nxe4
13. Qd5+	Kb6
14. bxa5 #	

★[1]

4. …	Kf5
5. Ne3+	Kf4
6. N3g2+	Ke5
7. f4+	Kd4
8. Nf3 #	

黑先：

1. …Nxc1+	
2. Nxa1+	Nxb1+
3. Kb2	Qxb4+
4. Kc2	Qd2+

5. Kxb1　　　　Qa2+

6. Kxc1　　　　Bxe3+

7. Kd1　　　　 Qb1#

161 吉

白先：

1. Rf8+　　　　Kxf8

2. Ng6+　　　　Kf7

3. Qf8+　　　　Kxg6

4. Bxf5+　　　　exf5

5. Qxf5+　　　　Kh5

6. Qxh7#

黑先：

1. …Bd2+

2. Bxd2　　　　c1=Q+

3. Bxc1　　　　Qxc1+

4. Bc2　　　　 Rxc2+

5. Kb3　　　　 Rb2+

6. Ka4	Ra2+
7. Kb5	Ba6+
8. Kb4	Qb2#

162 祥

白先：

1. N6c7+	Kf8
2. Rd8+	Nxd8
3. Rxd8+	Be8
4. Rxe8+	Qxe8
5. Ne6+	Kf7
6. g6+	hxg6
7. fxg6+	Kxe6
8. c5+	Kd7
9. e6+	Kc6
10. b5+	Kxc5
11. Qb4+	Kd5
12. Ba2#	

黑先：

1. …Qh5+

2. g4　　　　　Qxg4

3. Kxe3　　　　Re1+

4. Kd2　　　　Qe2+

5. Kc3　　　　Ne4#

（2）九九安康

163 99

白先：

1. Qxf5+　　　Kxh6

2. Qxh7+　　　Kg5

3. Qxg7+　　　Bg6

4. Qxg6+　　　Kf4

5. Qg3 #

黑先：

1. …　　　　　Qxd5+

2. Kb4	Rc4+
3. Qxc4	Qxc4+
4. Ka5	Bxb6+
5. Ka6	Qa4+
6. Kb7	Qa7+
7. Kc8	Qa8+
8. Kxd7	Qe8 #

164 安康

白先：

1. Rxe7+	Rxe7
2. Qxe7+	Kg8
3. Qf8+	Kh7
4. Qh8#	

黑先：

1. …	Nxd4+
2. Ke1	Bf2+
3. Rxf2	Qg1+
4. Rf1	Qe3+

5. Kxd1	Bg4+
6. Bf3	Bxf3+
7. Rxf3	Rg1+
8. Rf1	Rxf1+
9. Qe1	Rxe1#

6. 筷子、鸳鸯、军犬

（1）筷子

> 筷子七寸六分长，
> 动静结合运阴阳。
> 天圆地方大道广，
> 华夏千秋万古芳。

165 筷子

白先：

1. Rxd5+   Kc7

2. Qxd7+ ★¹Kb8
3. Be5+ Ka8
4. Qc8+ Ka7
5. Bb8+ Ka8
6. Bd6+ Ka7
7. Bc5 #

★¹
2. … Kb6
3. Bd8+ Ka6
4. Qc8+ Ka7
5. Rd7 #

黑先：
1. … Qxf3+
2. Kg1 Be3+
3. Kh2 Qf2+
4. Kh3 Bxf5 #

（2）七寸

166 七

白先：

1. Nxd6+	Kg6
2. Qg8+	Kh6
3. Rh4+	Qxh4
4. Qh8+	Kg6
5. Nf8 #	

黑先：

1. ⋯	Rxd2+
2. Kc3	Rd3+
3. Kb4	Qb2+
4. Qb3	Qxb3+
5. Ka5	Qxb5 #

（3）六分

167 六

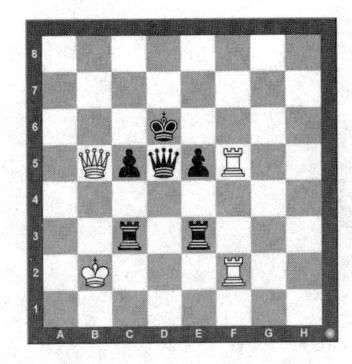

白先：

| 1. Qb6+ | Qc6 |
| 2. Rf6+ | Kd5 |

3. Qxc6+	Kc4
4. Qa6+	Kd5
5. Rd6+	Ke4
6. Qa8 #	

黑先：

1. …	Rb3+
2. Qxb3	Qxb3+
3. Kc1	Re1+
4. Kd2	Rd1
5. Ke2	Qd3 #

（4）天圆地方

168 天圆地方

白先：

1. Qg7+	Kh4
2. Rh1+	Qh2
3. Qxf6+	Kh3
4. Qh6+	Kg2

5. Rxh2+   Kf3
6. Qf4 #

黑先：

1. ⋯   Bxc5+
2. Qxc5   fxe5+
3. Bxe5   bxc5+
4. Kxd5   Qf7+
5. Be6   Bxe6+
6. Kd6   Rb6 #

（5）鸳鸯

> 塘有鸳鸯娃，
> 美貌相互夸。
> 嘻笑追逐度，
> 忘却走天涯。

169 鸳鸯一

白先：

1. Rd7+	Qxd7
2. Qh4+	f6
3. Qh7+	Ke8
4. Qg8+	Ke7
5. Qf8 #	

黑先：

1. ⋯	Rb2+
2. ★¹Kc1	Ne3+
3. Rxe1	Rc2+
4. Kb1	Qb8+
5. Qb4	Qxb4+
6. Nb3	Qxe1+
7. Nc1	Qxc1 #

★1

2. Kd3	Ne5+
3. Rxe5	Qb5+
4. Qc4	Bxc4+
5. Nxc4	Qb3 #

170 鸳鸯二

白先：

1. Nb5+　　　　Kb8
2. Ba7+　　　　Kb7
3. Bf3+　　　　Qd5
4. Bxd5+　　　Kc8
5. Qa6 #

黑先：

1. ⋯　　　　　Qxc3+
2. Kb5　　　　 Qc6+
3. Ka5　　　　 Ra8+
4. Ba7　　　　 Bc3+
5. b4　　　　　Rxa7+
6. Ba6　　　　 Rxa6 #

（6）军犬

大院训犬芽，
跑跳滚行爬。
白天争冠军，
夜里练说话。

171 军犬一

白先：

1. Rh7+   Ke6
2. Bxd5+   ★¹Qxd5
3. Nf8+   Ke5
4. f4+   Kf6
5. Nxd5+   cxd5
6. g5+   Kf5
7. Qh3 #

★1

2. ⋯   Kxd7
3. Nxc6+   Bf7
4. Rxf7+   Ke8
5. Re7+   Kf8
6. fxg3 #

黑先：

1. ⋯   Nc3+
2. Rxc3   Ra1+

3. Kc2　　　　　Ra2+

4. Kd1　　　　　Rxd2+

5. Ke1　　　　　Qb1+

6. Rc1　　　　　Qxc1 #

172 军犬二

白先：

1. Qg8+　　　　Kh6

2. Nxf7+　　　　Kh5

3. Qh8+　　　　Kg4

4. Nxe5+　　　　fxe5

5. Rg2+　　　　Bg3

6. Rxg3+　　　　Kxg3

7. Ke2+　　　　Kg4

8. Qh3+　　　　Kxf4

9. Qf3 #

黑先：

1. ⋯　　　　　　gxf4+

2. Kxf4　　　　　Rc4+

3. ★ [1]Re4	Bxd2+
4. Kg3	Qg1+
5. Kh3	Qh1+
6. Kg3	Be1+
7. Rxe1	Rg4+
8. Kf2	Qg2+
9. Ke3	Re4 #

★ 1

3. Rd4	g5+
4. Ke3	Rxc3+
5. Rd3	Rxd3+
6. cxd3	Qc5+
7. Ke4	Qd4 #

7. 国象航展

（1）运输机

173 运输机一

白先：

1. Rxd5+　　　　Kb6
2. Qh6+　　　　*[1]Qe6
3. Bd8+　　　　Kb7
4. Qg7+　　　　Qf7
5. Qxf7+　　　　Bd7
6. Qxd7+　　　　Kb8
7. Nc6+　　　　Ka8
8. Ra5 #

*[1]

2. ⋯　　　　　Be6
3. Qxe3+　　　　Kb7
4. Bc6+　　　　Kc8
5. Rd8+　　　　Kc7
6. Qa7 #

黑先：

1. ⋯　　　　　Nf1+
2. Kc1　　　　d2+
3. Kc2　　　　Ne3+
4. Rxe3　　　　d1=Q+
5. Kb2　　　　Nxa4+
6. Ka3　　　　Qb2 #

174 运输机二

白先：

1. Nc6+	Ke6
2. Qf7+	Kd7
3. Qe8+	Kc7
4. Qc8+	Kb6
5. Bb8 #	

黑先：

1. ⋯	Nb1+
2. ★1 Kc1	Rxe1
3. Kb2	Bd4+
4. Ka2	Nc3+
5. Ka3	Ra1+
6. Na2	Rxa2+
7. Kb4	Rxa4 #

★1

2. Rxb1	Re2+
3. Kd1	Bc2++

4. Kc1	Rd1+
5. Kb2	Bxb1+
6. Kc3	Rc1+
7. Nc2	Rxc2 #

（2）直升机

175 直升机

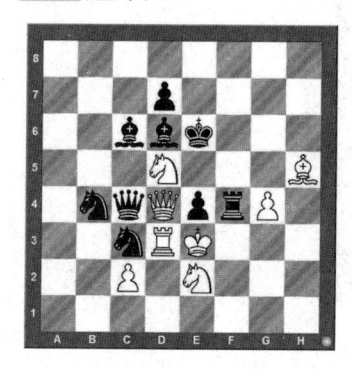

白先：

1. Ndxf4+	Bxf4
2. Nxf4+	Ke7
3. Qd6+	Kd8
4. Qb8+	Ke7
5. Ng6+	Kf6
6. Qf4+	Kg7
7. Qf8+	Kh7
8. Qh8 #	

黑先：

1. ⋯	Rf3+

2. Kd2	Nb1+
3. Ke1	Nxc2+
4. Kd1	Rf1 #

（3）轰炸机

176 轰炸机

白先：

1. Rxd3+	Nxd3
2. Qg1+	Nf2
3. Qxf2+	Re3
4. Qxe3 #	

黑先：

1. …	Nb1+
2. ★¹Kd1	Bc2+
3. Kc1	Re1+
4. Qd1+	Rxd1+
5. Kb2	Rxb4+
6. Kxc2	Rd2+

| 7. Bxd2 | Qa2+ |
| 8. Kd1 | Qxd2 # |

★1
2. Rxb1	Nb3+
3. Rxb3	Qa5+
4. Rb4	Qxb4+
5. Kd1	Re1 #

（4）无人机

<u>177</u> 无人机

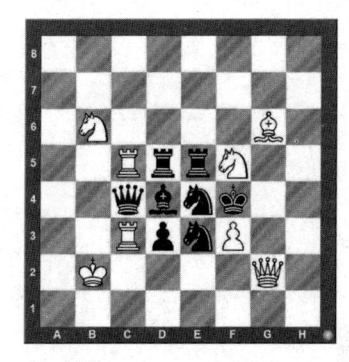

白先：
1. Qh2+	★1Kg5
2. Qh6+	Kf6
3. Bh7+	Kf7
4. Qg6+	Kf8
5. Qg8 #	

★1
| 1. ⋯ | Kxf3 |

2. Bh5+	Ng4
3. Nh4+	Ke3
4. Nxc4 #	

黑先：

1. ⋯	Bxc3+
2. *¹Ka3	Qxc5+
3. Ka2	Qa5+
4. Na4	Qxa4+
5. Kb1	Qa1 #

*1

2. Kc1	d2+
3. Qxd2	Qf1+
4. Qe1	Qxe1 #

（5）歼击机

178 歼击机

白先：

1. Bd2+	Rxd2

2. Qxd2+	Kf3
3. Qf2+	Kg4
4. Rxg5+	Kh4
5. Qxg3 #	

黑先：

1. …	Rxd5+
2. Kc3	Rxd3+
3. Kxd3	Qxe4+
4. Kc3	Rc2+
5. Kb3	Qxc4+
6. Ka4	Ra2 #

8. 国象车展

（1）坦克

179 坦克一

白先：

1. Bxc5+   *¹Ka6

2. Qb7+	Ka5
3. Nb3+	Ka4
4. Qxc6+	Bb5
5. Qa8+	Ba6
6. Qxa6 #	

★1

1. …	Ncb4
2. Qxb4+	Nxb4
3. Rxb4+	Ka6
4. Bb7+	Ka5
5. Nb3 #	

黑先：

1. …	Rxe1+
2. Kd2	Qf4+
3. Kxd3	Qxf3+
4. Kc2	Qxf2+
5. Ne2	Qxe2 #

180 坦克二

白先：

1. Nxe5+　　　　Ng4
2. Qf4+　　　　Kh5
3. hxg4+　　　　*¹fxg4
4. Ng3+　　　　Kh4
5. Qxg4 #

　*1

3. …　　　　　Kh4
4. gxf5+　　　　Kh5
5. Ng3 #

黑先：

1. …　　　　　Nxf3+
2. *¹Bxf3　　　Qxc3+
3. Kf2　　　　　Qxc2+
4. Nd2　　　　　Rxd2+
5. Ke1　　　　　Qc1+
6. Bd1　　　　　Qxd1 #

　*1

2. Ke2　　　　　Nxg1+
3. Qxg1　　　　Bf3+
4. Kxf3　　　　fxg4+
5. Ke2　　　　　Qf3+
6. Ke1　　　　　Rxd1 #

181 坦克三

白先：

1. Qg8+	★¹Rf7
2. Qxf7+	Kb5
3. Qb7+	Kc4
4. b3+	axb3
5. Nb2+	Kc5
6. Bxb4	#

★1

1. …	Kb5
2. Qb8+	Kc6
3. Nxb4+	Kd7
4. Rg7+	Rf7
5. Rxf7+	Ke6
6. Qe8 #	

黑先：

1. …	Nxf3+
2. Rxd1	Nexd2+
3. Rxd2	Nxd2+

4. Ke1	Nf3+
5. Kf1	Qe1+
6. Nxe1	Nd2 #

182 坦克四

白先：

1. g3+	*¹Rxg3+
2. fxg3++	Kxg3
3. Qg1+	Kf4
4. Qg4+	Kxe3
5. Ng2+	Bxg2
6. Re5+	Kf2
7. Qxh4+	Kg1
8. Bxc2+	Rd1
9. Rxd1+	Bf1
10. Rg5 #	

*¹

| 1. ··· | Bxg3 |

2. fxg3++ Kxg3

3. Qg1+ Bg2

4. Qxg2+ Kf4

5. Qxg4+ Kxe3

6. Qg3+ Nf3

7. Qxf3 #

黑先：

1. … Nb4+

2. Nd3+ Bxd3+

3. Rc2 Qxa2+

4. Kc1 Nb3 #

（2）高炮

183 高炮一

白先：

1. Na4+ Rxb2

2. Qg7+ f6

3. Qa7+ Ke4

4. d3+   Kxf4
5. Qb8+   Rc7
6. Qxc7+   Qe5
7. Rg4 #

黑先：

1. ···   Nxg3+
2. Rxg3   f1Q+
3. Kxf1   Nxe3+
4. Ke2   Re1+
5. Kf2   Rf1+
6. Ke2   Qg4+
7. Rxg4   Bf3 #

184 高炮二

白先：

1. Qb7+   Kf5
2. Qc8+   Ne6
3. Bxe6   Qxe6
4. Nd4+   Ke4

5. Rh4+	Qg4
6. Qb7+	c6
7. Qxc6 #	

黑先：

1. ⋯	Nxb3+
2. Kxc2	Na1+
3. Bxa1	Rc1+
4. Kb3	Qb6+
5. Bb5	Qxb5+
6. Nb4	Qc4+
7. Ka3	Rxa1+
8. Na2	Rxa2 #

9. 百年华诞

185 庆

白先：

1. Qxd6+	Kf7

2. e6+   Kf8
3. Qd8+   Kg7
4. Qxe7+   Kh6
5. Qf8+   Kh7
6. Nxf6 #

黑先：

1. ⋯   c5+
2. Nxc5+   dxc5+
3. Qxc5   Nc6+
4. Qxc6+   Bxc6+
5. ★[1]Kc3   d1N+
6. Kd4   Nxb3+
7. Kd3   Rd2 #

★[1]
5. Kc5   Qa5+
6. Kd4   fxe5+
7. fxe5   Qxe5 #

186 祝

白先：

1. Rxe5+	Kf6
2. Rxf5++	Kxf5
3. Qd7+	★¹Qe6
4. e4+	Kxe4
5. Kf1+	Kf5
6. Qd3+	Qe4
7. Qxe4 #	

★¹

3. …	Ke4
4. Kf1+	Ke3
5. Qd2 #	

黑先：

1. …	Nxe3+
2. ★¹Kh2	Rh5+
3. Nh3	Ng4+
4. Kg2	Qe4+
5. Kf1	Qxh1+
6. Ng1	Qxg1 #

★¹

2. Kf2	Qf4+
3. gxf4	Nxd1++
4. Ke1	Rxg1+
5. Kd2	Be3 #

187 7

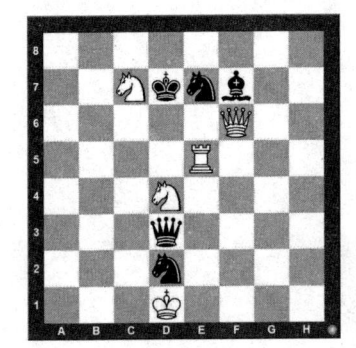

白先：

1. Rxe7+	Kc8
2. Qh8+	Be8
3. Qxe8+	Kb7
4. Nd5+	Ka6
5. Qa8 #	

黑先：

1. ⋯	Nf3+
2. Kc1	Qd2+
3. Kb1	Qd1+
4. Kb2	Qxd4+
5. ★[1]Ka3	Qc3+
6. Ka4 Qb3+	
7. Ka5	Qa3+
8. Kb5	Nd4+
9. Kb6	Nc8+
10. Kb7	Qa7 #

★[1]

5. Kc2	Qc4+

6. Kd1	Qd3+
7. Kc1	Qc3+
8. Kb1	Nd2 #

188 1

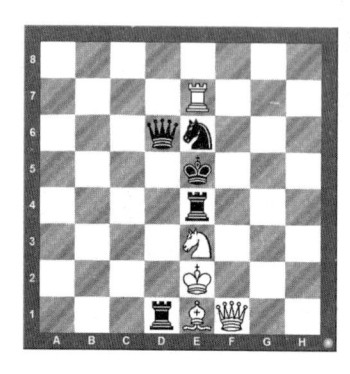

白先：

1. Bg3+	Kd4
2. Qxd1+	Kc3
3. Be1+	Kb2
4. Qc2+	Ka3
5. Ra7+	Qa6
6. Rxa6+	Ra4
7. Rxa4 #	

黑先：

1. ⋯	Qd3+
2. Kf2	Qxe3+
3. Kg2	Rg4+
4. Kh2	Rd2+

5. Bxd2   Qg3+

6. Kh1   Rh4+

7. Qh3   Rxh3 #

189

白先：

1. Bxc5+   Rxc5

2. Nxf5+   Ke6

3. Nxc5+   Kf6

4. Nh4+   Ke7

5. Rxd7+   Ke8

6. Qxf7 #

黑先：

1. ⋯   Nxd3+

2. Rxd3   Qb2+

3. Kd1   Nxe3+

4. Qxe3   Qb1+

5. Qc1   Rxe1 #

190 年

白先：

1. Rdxe5+   Bxe5
2. Rxe5+   Kxe5
3. d4+   Ke6
4. d5+   Qxd5
5. Nxc7+   Ke5
6. Qf4 #

黑先：

1. ⋯   Nxc3+
2. Kf2   Rb2+
3. Kg1   Nxf3+
4. Rxf3   Rg2+
5. Kh1   Qb1+
6. Rf1   Qxf1 #

191 生

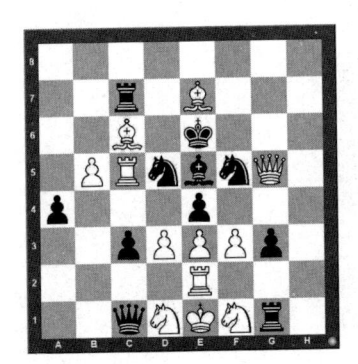

白先：

1. Bxd5+	Kd7
2. Be6+	Kxe6
3. Rxe5+	Kf7
4. Qxf5+	Kg7
5. Qf6+	Kh7
6. Rh5+	Kg8
7. Qg6 #	

黑先：

1. …	Rxf1+
2. Kxf1	Qxd1+
3. Kg2	Qxe2+
4. Kh3	Qf1+
5. Kg4	Qxf3+
6. Kh3	g2+
7. Qg3	Qxg3 #

192

白先：

1. Bxc6+	Kc8
2. Bb7+	Kd7
3. Qxc7+	Ke8
4. Qc8+	Kxf7
5. Bd5+	Qe6
6. Bxe6+	Kg7
7. Qg8+	Kh6
8. Qh8+	Kg5
9. Qh5 #	

黑先：

1. ⋯	Be2+
2. Nxe2	Qh1+
3. ★¹Rg2	Rf1+
4. Bf2	Qh3+
5. Ng3	Nd4 #

★1

| 3. Kg4 | Qh4+ |

4. Kf3   Nxd4++
5. Kg2   Rxf2 #

10. 名副其实 *

（1）中心开花

193 中心开花

白先胜：

1. Bg8   Rxg8
2. Kf7   Rxg6
3. fxg6   c1Q
4. g7+   Kh7
5. g8=Q

（E·M·拉斯克，1895）

（2）左右开弓

194 左右开弓

白先胜：

1. Ra4	Ke8
2. Rh4	Re5+
3. Kd2	Kd8
4. Ra4	Rd5+
5. Ke3	Ke8
6. Rh4	Re5+
7. Kd4+−	

（T·多森，1958）

（3）步步紧逼

195 步步紧逼

白先胜：

1. Kb8	Rb2+
2. Ka8	Rc2
3. Rh6+	Ka5
4. Kb7	Rb2+
5. Ka7	Rc2
6. Rh5+	Ka4
7. Kb7	Rb2
8. Ka6	Rc2
9. Rh4+	Ka3
10. Kb6	Rb2+
11. Ka5	Rc2
12. Rh3+	Ka2
13. Rxh2	Rxh2
14. c8Q+–	

（E·M·拉斯克，1890）

（4）马到成功

196 马到成功

白先胜：

1. Kh6　　　　　Kh8
2. Nh4　　　　　Kg8
3. Nf3　　　　　Kh8
4. Ne5　　　　　Kg8
5. Nc6　　　　　Kh8
6. Ne7　　　　　Bg8
7. Ng6 #

（A·特罗伊茨基，1924）

（5）南征北战

197 南征北战

白先胜：

1. Bd6+　　　　Kf7
2. Bf4　　　　　Kf8
3. Bh6+　　　　Kf7
4. Be3　　　　　Kf8

5. Bc5+ Kf7
6. Bxg1 Kf8
7. Bc5+

（V·内什塔特，1929）

（6）东挡西杀

198 东挡西杀

白先胜：

1. Rd3+ Kc8
2. Rc3+ Kb8
3. Qc7+ Ka8
4. Qa5+ Kb7
5. Qb4+ Ka6
6. Qa3+ Kb5
7. Qb2+ Ka4
8. Ra3 #

（A·莫特德，1922）

（7）独占鳌头

> 烈马长嘶鸣，
> 霸气聚成形。
> 蹄声惊戍旅，
> 昂首立苍穹。

199 独占鳌头一

白先胜：

1. Ne5	Kg8
2. Nf7	Rxd3
3. Nh6+	Kh8
4. Be7	Rf3
5. Bf8	~
6. Bg7 #	

（E·霍尔姆，1911）

200 独占鳌头二

白先胜：

1. Ne3+	Kg3
2. Qg4+	Kf2
3. Qf4+	Ke2
4. Qf1+	Kd2
5. Qd1+	Kc3
6. Qc2+	Kb4
7. Qb2+	Nb3
8. Qa3+	Kxa3
9. Nc2	#

（L·库王尔）

（8）地道战

201 象战

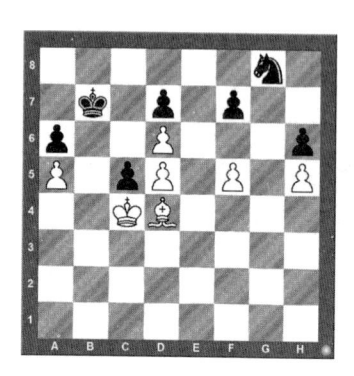

白先胜：

1. Bh8	f6
2. Kxc5	Ka7
3. Bg7	Kb7
4. Bf8	Ka7
5. Be7	Kb7
6. Bd8	Ka7
7. Bc7	Kb7
8. Bb8	Kxb8
9. Kb6+−	

（D·德扎加，1967）

202 马战

白先胜：

1. Ne6+ Kf7
2. Ng7 Kf8
3. Nf5 Kf7
4. Ne7 Kf8
5. Nc8 Bb8
6. a7 Bxa7
7. Nxa7 Kf7
8. Nc8 Kf8
9. Ne7 Kf7
10. Ng6+−

（H·雷切尔姆，1915）